Deutschbuch

Arbeitsheft 9

Neue Ausgabe

Arbeitstechniken
Texte schreiben
Grammatik
Rechtschreibung
Texte erschließen
Lernstand testen

Herausgegeben von
Cordula Grunow und Bernd Schurf

Erarbeitet von
Jan Diehm, Christel Ellerich, Heike Goertz,
Cordula Grunow, Angela Mielke,
Vera Potthast und Andrea Wagener

Inhaltsverzeichnis

☆ Aufgaben mit erhöhtem Schwierigkeitsgrad.
Du kannst dieses Arbeitsheft auch bei der **Freiarbeit** verwenden.
Mit dem **Lösungsheft** kannst du deine Lernergebnisse selbst überprüfen.

Ein Portfolio anlegen – Beispiel: Berufsbild

!

Ein Portfolio ist eine sorgfältig angelegte **Mappe,** in der
- **wichtige Quellen** (z. B.: Buchauszüge, Zeitungsfotos, Tabellen – immer **mit genauer Quellenangabe)** und
- **eigene Materialien** (z. B.: Texte, Bilder, Grafiken)

zu einem bestimmten Thema und nach einem festgelegten Arbeitsplan gesammelt werden.

Diese Mappe dokumentiert deinen persönlichen **Arbeitsprozess:** Wie du dein Thema inhaltlich erschlossen hast (Leitfragen, Recherche) und welche Zwischen- und Endergebnisse du erreicht hast.

Ganz wichtig sind **Reflexionen,** also Texte, in denen du über deinen Erkenntnisstand nachdenkst und weitere Arbeitsschritte planst.

Werte deine Arbeit am Schluss aus **(Evaluation):**
- Was ist dir klar geworden?
- Wo hast du noch Informationslücken?
- Was ist dir eher leichtgefallen?
- Was war besonders aufwändig?

Was verlangt das Thema? – Leitfragen formulieren

In diesem Kapitel legst du beispielhaft ein Portfolio zum Berufsbild „Gärtner/in der Fachrichtung Garten- und Landschaftsbau" an.

1 *In der folgenden Liste findest du einige Leitfragen zum Erschließen eines Berufsbildes.*
a) Überlege, welche anderen Informationen rund um diesen Beruf interessant sein könnten. Ergänze drei weitere Fragen.
b) In welcher Reihenfolge möchtest du diese Fragen für dein Portfolio bearbeiten? Nummeriere sie.

TIPP
Verwende die nummerierten Leitfragen für die Gliederung deines Portfolios.

☐	*Wo arbeiten Gärtner/innen der Fachrichtung Garten- und Landschaftsbau?*
☐	*Wie ist die Ausbildung aufgebaut?*
1.	*Was bedeutet „Fachrichtung Garten- und Landschaftsbau"?*
☐	
☐	
☐	

Den Arbeitsprozess dokumentieren: Eine Mappe anlegen

2 a) *Gestalte ein Deckblatt deines Portfolios.*
Du kannst es z.B. nach nebenstehendem Muster anordnen:
b) *Dokumentiere jeden Arbeitsschritt: Lege anhand deiner Gliederung aus Aufgabe 1, S. 3, eine Planung für deinen Arbeitsverlauf an. Du kannst sie aufbauen, wie das folgende Muster zeigt.*

Fragestellung	Datum der Bearbeitung	Recherche: Medium/Ort	Arbeitsergebnis: Portfolio S. ...	Reflexion: Portfolio S. ...
...	...	...	...	...

Portfolio
zum Berufsbild

Gärtner/in
der Fachrichtung Garten- und Landschaftsbau

Von: ...
Klasse: ..., Fach: ...
Erstellt im Zeitraum: ...

Recherchieren: „Gärtner/in – Garten- und Landschaftsbau“

ARBEITSTECHNIK

Internetrecherche
Das Internet liefert über die Stichwortsuche per Suchmaschine viele Hinweise zu einem Thema. Als Informationsquelle ist es weniger zuverlässig als gedruckte Medien, weil im Netz alles von jedem veröffentlicht werden kann. Hilfreich ist jedoch die hohe Aktualität.

3 *Rufe folgende URL-Adressen (URL = uniform resource locator = Internetadresse) auf.*

A http://berufenet.arbeitsagentur.de

B www.machs-richtig.de

a) *Notiere für jede URL kurz, wie du zur Berufsbeschreibung „Gärtner/in – Garten- und Landschaftsbau“ gelangst. Schreibe in dein Heft.* Zu A – Homepage/Suchleiste: Berufsbezeichnung „Gärtner/in“ eingeben; nächste Seite: Link mit genauer Berufsbezeichnung anklicken ...
b) *Vergleiche die beiden Startseiten, die in dein Berufsbild einführen: Welche spricht dich eher an? Begründe deine Wahl schriftlich im Heft.*

4 *Recherchiere das Berufsbild über www.machs-richtig.de.*
a) *Beantworte die folgenden Fragen in Stichwörtern. Sie erschließen einige Informationen zum Berufsbild. Schreibe in dein Heft.*
b) *Ordne die Informationen deiner Gliederung zu: Trage die Nummer der passenden Leitfrage (Aufgabe 1) ein, zu deren Beantwortung sie beitragen.*

1 Was ist die Hauptaufgabe von Gärtner/innen im Garten- und Landschaftsbau? ☐

2 Welche schulischen Voraussetzungen werden für diese Ausbildung verlangt? ☐

3 Wie lange dauert sie? ☐

4 Welche Kosten könnten entstehen? ☐

5 Auf welche Arbeitszeiten muss man sich einstellen? ☐

6 Welche Vergütung erhält man während der Ausbildung? ☐

7 Welchen Nutzen hat die Arbeit für die Öffentlichkeit? ☐

TIPP

Kriterien zur Beurteilung von Internetquellen:
- **Urheberschaft:** Verfasser/Herausgeber genannt? Universitäten oder Ministerien bieten meist seriöse Informationen an. Firmen (_.com) verfolgen oft wirtschaftliche Interessen. Private Seiten können sehr subjektiv sein.
- **URL:** Welche Angaben (z. B.: Dienst, Land, Domain)?
- **Aktualität und Kontinuität:** Seite „gepflegt", d. h. regelmäßig aktualisiert? Links aktiv und aktuell? Website längerfristig greifbar?
- **Aufbau:** Übersichtlich, verständlich und gut gegliedert? Ziel der Darstellung deutlich?
- **Referenzen:** Handelt es sich um einen Originalbeitrag? Sind Übernahmen korrekt zitiert? Beziehen sich andere Websites auf die gefundene Seite?

5 *a) Lege ein Rechercheprotokoll nach folgendem Muster an. Arbeite im Heft.*
b) Entscheide dich für ein Suchwerkzeug, z. B. Suchmaschinen (Google, Yahoo o. Ä.), Web-Kataloge, Weblogs oder Newsgroups. Gib als Suchbegriff „Gärtner" ein. Wähle drei Websites aus, trage sie ins Rechercheprotokoll ein und bewerte sie anhand der im Tipp genannten Kriterien.

Recherchеprotokoll: Internet

Suchwerkzeug	Suchbegriff	aufgerufene URL	Information	Datum	Bewertung
Google	Gärtner	http://...	...	...	...
(Suchmaschine)	...	...	...	...	...
...	...	...	...	...	...

ARBEITSTECHNIK

Ein Quellenverzeichnis anlegen
Bei der Informationsbeschaffung greift man in der Regel auf mehrere **Quellen** (z. B. Texte oder Grafiken) zurück. Diese müssen am Schluss des Portfolios präzise angegeben werden, vor allem auch, wenn man zitiert. Dies gilt auch für Referate, Facharbeiten usw.

Unterscheide im Quellenverzeichnis nach Herkunft der Quelle. Achte auf eine formal einheitliche Darstellung.

Angabe eines Buches: Name, Vorname: Titel. (ggf. Untertitel.) (ggf. In: Titel des Buches, in dem der Beitrag erschienen ist). (ggf. Hrsg.). Verlag, Erscheinungsort(e) und -jahr, Seite	*Seipel, Holger: Fachkunde für Garten- und Landschaftsbau. Handwerk + Technik, Hamburg 2007*
Angabe eines Zeitschriften-/Zeitungsartikels: Name, Vorname: Titel. (ggf. Untertitel.) In: Name der Zeitung/Zeitschrift, Nr. der Ausgabe, Jahr, Seite	*Scherff, Dyrk: Felsendusche und Schwimmteich. In: Frankfurter Allgemeine Sonntagszeitung, Nr. 15, 2006, S. 57*
Angabe einer Internetquelle: Name, Vorname: Titel. URL (genaue Internetadresse), Datum der letzten Recherche auf dieser Seite	*Drechsler, Helmut: Betrieb für Garten- und Landschaftsbau. http://www.galabau-drechsler.de, 18. 11. 2007*

6 *Rufe die URL http://berufenet.arbeitsagentur.de auf. Öffne die Seite Berufsbild „Gärtner/in – Garten und Landschaftsbau". Klicke den Link „Informationsquellen" in der Navigationsleiste an. Gib zwei Bücher für dein Quellenverzeichnis an. Achte auf die formale Darstellung.*

ARBEITSTECHNIK

Ein Experteninterview führen

Interviews lassen einen Beruf oder einen anderen Zusammenhang oft in einem anderen Licht erscheinen als offizielle Informationen. Sie sind persönlich und haben eine eingeschränkte Perspektive, sind aber andererseits treffend und echt (authentisch). Als Quelle können Interviews grundlegende Informationen zwar nicht ersetzen, aber doch anschaulich ergänzen.
Gelungene Interviews zeichnen sich durch eine gute **Fragetechnik** aus:

- Stelle offene Fragen (W-Fragen). Zu enge Fragen lassen als Antwort nur ja oder nein zu.
- Vermeide Suggestivfragen, weil sie eine bestimmte Antwort unterstellen.
- Verzichte auf Doppelfragen. Erfrage immer nur einen Informationsbereich.
- Stelle keine wertenden Fragen, damit dein Gegenüber frei sprechen kann.

7 *Lies die Antworten des folgenden Experteninterviews.*

Interview mit Rieke Behl (24), Gärtnerin im Garten- und Landschaftsbau, vom 27. Juli 2007 im Gartenbaubetrieb Hansen & Welter GbR, Schneverdingen. Das Interview führte Katharina Heinze, Uhrzeit: 12.00 Uhr bis 12.30 Uhr.

Frage 1: ____________________

____

Rieke Behl: Wir gestalten viele schöne Sachen, die das Leben schöner machen. Unser Angebot reicht von A wie Abfallaufsammeln bis Z wie Zaunmontage. Bei dem, was wir tun, geht's ums Pflanzen und Pflegen, aber auch ums Pflastern oder Asphaltieren. Wir verlegen auch mal Kanalrohre. Wir könnten auch Brunnen und Teiche bauen oder eine Dachbegrünung vornehmen. Manchmal bauen wir auch nur was ab! Wir machen natürlich auch so Sachen wie Bäume in zwanzig Metern Höhe mit dem Hubsteiger fällen oder im strömenden Regen riesengroße Rhododendren pflanzen oder in sengender Hitze Unkraut jäten.

Frage 2: ____________________

____

Rieke Behl: Einen ganz typischen Arbeitsablauf gibt's nicht wirklich, weil wir ja ständig was anderes machen. Aber einige Sachen bleiben immer gleich: Um sieben Uhr geht's los. Da muss man vielleicht das Auto ab- oder beladen. Dann ist Abfahrt zur Baustelle und dann Arbeiten angesagt. Zwischen neun und halb zehn gibt's Frühstück und zwischen zwölf und halb eins ist Mittagspause. Die offizielle Arbeitszeit endet gegen 16 Uhr. Aber es kommt auch schon mal vor, dass wir mal länger machen, weil eine Baustelle fertig werden muss. Manchmal sind nur ein paar Kleinigkeiten zu tun, zum Beispiel Reparaturen, und dann hat man an einem Tag schon mal drei Baustellen!

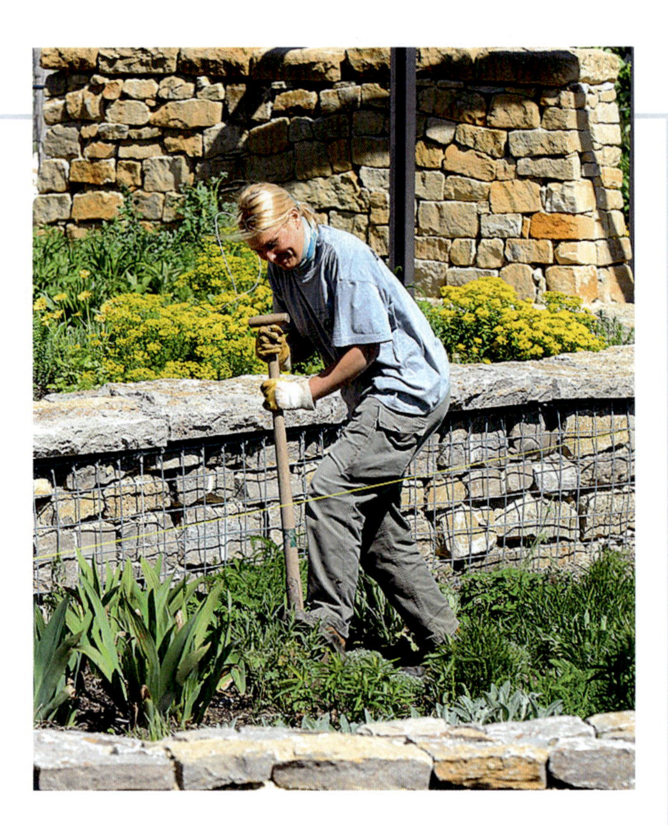

Frage 3: ____________________

____

Rieke Behl: Ich habe in der neunten Klasse ein dreiwöchiges Schulpraktikum als Gärtnerin gemacht. Der Betrieb war angeblich ein GaLa-, also Garten- und Landschaftsbau-Betrieb, kam mir aber vor wie eine Ziergärtnerei. Hat schon auch Spaß gemacht, aber damals war es nicht das Wahre für mich. Vier Jahre lang habe ich danach einen Ausflug in die soziale Richtung gemacht – stellte aber fest, dass das eigentlich nichts für mich war. Ich wollte gern was Praktisches tun. Wo's was zum Handwerken gibt. So kam ich wieder auf den Gärtner, diesmal war's aber echt GaLa-Bau. Zuerst hab ich mich auch noch als Tischler und Mechaniker für Zweiräder bewerben wollen, nur gab's keine Ausbildungsplätze mehr. Jetzt bin ich froh drüber, der GaLa-Bau macht Riesenspaß.

Frage 4: ______________________________

____

____

Rieke Behl: Manches können wir Frauen einfach nicht, weil wir körperlich nicht dazu gebaut sind. Manchmal braucht man einfach viel Kraft. Wegen der hohen körperlichen Belastungen können viele diesen tollen Beruf auch nicht bis zur Rente durchziehen. Aber ich finde, die männlichen Kollegen behandeln uns fair. Wenn wir Frauen nicht genug Kraft für einen Job haben, übernimmt den eben einer der Kollegen. Deswegen werden wir aber nicht runtergemacht oder so. Und wenn doch, muss man einfach schlagfertig kontern – da ist Frauenpower gefragt.

Frage 5: ______________________________

____

____

Rieke Behl: Erst mal würde ich mich über den Betrieb, in dem ich lernen will, erkundigen. Am besten ein Praktikum da machen. Vor allem sollte man darauf achten, wie da mit einem selbst, aber auch mit den zukünftigen Kollegen umgegangen wird. Und was das Körperliche angeht, muss man schon mal im Voraus ein bisschen Sport treiben, um Kondition zu bekommen. Die ersten Wochen sind die schwersten! Und man darf keinen „Ekel" davor haben, dreckig zu werden, oder Panik vor blauen Flecken haben!

8 *a) Füge die inhaltlich passenden Fragen in das Interview ein. Wähle aus den folgenden Fragen aus und schreibe auf die Schreiblinien auf S. 6–7 im Text.*

1. Spielt Teamfähigkeit in Ihrem Beruf eine Rolle und klappt das immer unproblematisch? ☐
2. Wie gestaltet sich Ihr Arbeitstag? ☐
3. Sie glauben sicher auch, dass man in diesem Beruf nicht alt wird? ☐
4. Hören Sie mittlerweile schon das Gras wachsen? ☐
5. Welche Rolle spielt es, dass Sie eine Frau in einem eher männertypischen Beruf sind? ☐
6. Gibt es auch mal Pausen in Ihrem Job? ☐
7. Was würden Sie jemandem empfehlen, der Ihren Beruf auch erlernen möchte? ☐
8. Das ewige Dreckigsein macht Ihnen sicher auch zu schaffen, oder? ☐
9. Warum sind Sie gerade auf diesen Beruf gekommen? ☐
10. Finden Sie die blöden Sprüche über Frauen in Ihrem Beruf nicht auch unmöglich? ☐
11. Was macht eine Gärtnerin im Garten- und Landschaftsbau? ☐

b) Schau dir die Fragen an, die nicht in das Interview eingebracht wurden. Trage im Kästchen dahinter ein, um welche Art von Frage es sich handelt.

A Suggestivfrage	B W-Frage (offene Frage)	C zu enge Frage	D Doppelfrage	E wertende Frage

c) Die Antworten auf die Interviewfragen von Katharina Heinze sind sehr umfassend. Dies hängt mit der Fragestellung zusammen. Begründe im Heft, inwiefern.

9 *Anschließend reflektiert Katharina Heinze ihre Interviewführung. Notiere drei weitere Fragen, die ihr dabei helfen könnten. Arbeite im Heft.*

1. War meine Vorbereitung auf das Interview so gut, dass ich präzise fragen konnte?

2. ...

ARBEITSTECHNIK

Protokollieren

Für ein Protokoll gibt es eine festgelegte äußere Form:

- einen **Protokollkopf** mit dem Titel der Veranstaltung, dem Datum, der Uhrzeit, dem Ort, den Namen der Anwesenden und des Protokollanten/der Protokollantin sowie dem Thema,
- einen **Hauptteil,** gegliedert nach Tagesordnungspunkten (TOPs),
- einen **Schluss** mit Datum des Tages, an dem das Protokoll geschrieben wurde, und der Unterschrift des Protokollanten.

Ein **Ergebnisprotokoll** wird im Präsens verfasst. Es dient der kurzen und übersichtlichen Dokumentation und ist geeignet, wichtige **Arbeitsresultate** im Portfolio festzuhalten. Man kann es sachlogisch strukturieren, also verschiedene Aussagen zu einem Themenaspekt zusammenfassen, auch wenn sie zeitlich getrennt diskutiert wurden.

10 *Verfasse ein Ergebnisprotokoll zum Interview mit Rieke Behl (S. 6–7). – Vervollständige das Protokollformular in Stichwörtern und formuliere diese im Heft zu knappen Zusammenfassungen aus.*

Veranstaltung: *Interview mit Rieke Behl (Gärtnerin im Garten- und Landschaftsbau)*

Datum: ______

Uhrzeit: ______

Ort: ______

Gesprächsteilnehmer: ______

Thema: *Berufsbild „Gärtner/in im Garten- und Landschaftsbau“*

Protokollant/in: ______

TOP 1: ______

TOP 2: ______

TOP 3: ______

TOP 4: ______

TOP 5: ______

Datum, Unterschrift Protokollant/in ______

Lineare (steigernde) Erörterung

Eine Erörterung ist die schriftliche Form der Argumentation.
Der linearen (steigernden) Erörterung liegt häufig eine mit „W" beginnende **Frage** zu Grunde, z. B.: „Warum ist Baumwolle für Kleidung so beliebt?" Bestimmte Signalwörter weisen auf eine lineare Erörterung hin, z. B.: „Begründe, ...", „Zeige auf, ...", „Weise nach, ...", „Nenne Argumente, ..." usw.
Die lineare Erörterung vertritt oder verwirft eine These. Man bezieht eindeutig Position.

Den Hauptteil erarbeiten
Im Hauptteil einer linearen bzw. steigernden Form der Erörterung wird die eigene Position ausgearbeitet und begründet. Während der Stoffsammlung werden alle wichtigen Gesichtspunkte notiert und gewichtet.
Für die Ausarbeitung werden **Thesen** formuliert und durch **Argumente** begründet. Argumente können durch (ein/en oder mehrere) **Belege, Beispiele oder Zitate** gestützt werden. Das überzeugendste Argument steht am Schluss der Argumentationskette. Gegenargumente werden nicht genannt.

1 *a) Verwende die folgenden Stichwörter, um Themen für eine lineare Erörterung zu formulieren.*

Turnschuhe + Anzug = Stil? | Männer – Schmuck | Schule: bauchfrei, beinfrei, brustfrei

Abiball: Prinzessinnenkleid – Kommunionsanzug | Chemie – Haare: färben, stylen, dauerwellen

1. Warum passen Turnschuhe nicht zu jedem Kleidungsstil?
2. Begründe, dass Turnschuhe nicht zu einem Anzug passen.
3.
4.
5.
6.

b) Formuliere zu jedem dieser Themen eine These. Sie beinhaltet die Position, die du in der linearen Erörterung vertreten möchtest.

TIPP
Eine **These** kann eine Behauptung, eine Empfehlung, eine Bewertung oder ein Urteil sein.

1. Turnschuhe signalisieren Ungezwungenheit und Offenheit.

ARBEITSTECHNIK

Argumente begründen eine These. Dies können überprüfbare Fakten sein, allgemein anerkannte Grundsätze, Expertenmeinungen, Beobachtungen und Erfahrungen. Die Argumente sollten ihrerseits durch Belege, Beispiele oder Zitate gestützt werden.

Prüfe, wie **überzeugend** ein Argument ist:
- ☐ Gibt es ein Gegenargument? Findest du schnell ein Gegenargument oder gar mehrere, ist dein Argument eher schwach.
- ☐ Findest du stützende Belege, Beispiele oder Zitate? Geeignet sind Belege, zu denen man nicht sofort ein Gegenbeispiel findet.
- ☐ Würden unterschiedliche Personen dem Argument zustimmen (z. B.: Kinder, Erwachsene, Männer, Frauen, Ärzte, Juristen, Lehrer)? Je breiter die Zustimmung, desto stärker das Argument.

Nicht immer lässt sich eindeutig entscheiden, welches Argument das schwächste oder das stärkste ist. Dann kommt es darauf an, die **persönliche Gewichtung** durch die Ausarbeitung der Argumentation überzeugend zu vermitteln.

2 *a) Ordne die Argumente zu These A und These B nach ihrer Wichtigkeit und Überzeugungskraft, indem du sie nummerierst: 1 = schwächstes Argument, 4 = stärkstes Argument.*

These A: Vor der Pubertät sollten sich Kinder im Alltag nicht schminken.

Argumente:		Gewichtung:
AA	Kinder sind von Natur aus schön.	☐
AB	Die empfindliche Kinderhaut leidet unter den Kosmetika.	☐
AC	Das ist in unserer Gesellschaft nicht üblich.	☐
AD	Schminken ist für Kinder tabu, weil es die sexuelle Anziehungskraft erhöhen soll.	☐

These B: Im Beruf kleidet man sich anders als in der Freizeit.

Argumente:		Gewichtung:
BA	Viele berufliche Tätigkeiten erfordern eine spezielle Kleidung.	☐
BB	Unterschiedliche Lebensbereiche oder soziale Rollen werden auch durch Kleidung markiert.	☐
BC	Unternehmen geben Kleidernormen vor, daheim kann man selbst bestimmen, was man anzieht.	☐
BD	Den ganzen Tag dasselbe anzuhaben wäre langweilig.	☐

b) Ordne den Argumenten zu These A jeweils eine der folgenden Stützen zu. Trage die passende Buchstabenfolge ein.
c) Bestimme, ob es sich dabei um einen Beleg, ein Beispiel oder ein Zitat handelt (Spalte 3).

These A: Vor der Pubertät sollten sich Kinder im Alltag nicht schminken.	zu b): Stütze	zu c): Art der Stütze
In einem Handbuch zur Kindergesundheit heißt es: „Bei Kindern ist besonders die oberste Hautschicht noch sehr dünn und bedarf deshalb eines besonderen Schutzes."	☐	______
Die siebenjährige Lena ist ein blasser Typ mit hellgrauen Augen und sehr weißer Haut – und alle finden sie süß!	☐	______
Die gesellschaftliche Praxis belegt dies: Allenfalls in bestimmten Fernsehshows treten Kinder geschminkt auf, im Kindergarten und in der Grundschule findet man so etwas in der Regel nicht vor.	☐	______
Junge Mädchen fangen häufig in der Pubertät an, sich zu schminken, wenn sie einem Jungen gefallen wollen.	☐	______

d) Stütze die Argumente zu These B. Schreibe in dein Heft.

!

Die Einleitung schreiben
Die Einleitung soll Interesse wecken. Die Leserin oder der Leser werden an ein Problem oder die vertretene These herangeführt.
Für die Einleitung zu einem Thema gibt es viele Möglichkeiten, z. B.:
- □ ein persönliches Erlebnis,
- □ ein aktueller Anlass,
- □ ein historischer Rückblick,
- □ ein Zitat oder Sprichwort,
- □ eine Begriffsdefinition,
- □ statistisches Material.

Hier werden auch schwierige Begriffe geklärt, die zum Verständnis nötig sind.

3 *Schreibe eine **Einleitung** zu einer linearen Erörterung. Wähle eine der folgenden Varianten aus. Die Fragestellung lautet: „Warum muss man auf Kleidung achten?"*

Variante 1 – Sprichwort: Kleider machen Leute.

Variante 2 – Schlagzeile: 38° im Schatten – Shorts im Büro erlaubt?

Variante 3 – Erfahrung: Was trägt man als Schüler/in im Berufspraktikum?

ARBEITSTECHNIK

Formulierungen zur sprachlichen Gestaltung des Hauptteils
„Als Erstes lässt sich anführen/ist zu bedenken ..." – „Mindestens so wichtig/bedeutsam ist ..." – „Ausschlaggebend/Entscheidend ist aber vor allem ..." – „Ein zentrales Argument besteht darin ..." – „Dies zeigt sich darin ..." – „Beispiele dafür sind ..." – „Man denke beispielsweise an ..." – „Zu belegen ist dies durch ..." usw.

4 *Formuliere mit den Argumenten und Belegen zu These B „Im Beruf kleidet man sich anders als in der Freizeit." (Aufgabe 2 a–d, S. 10) den **Hauptteil** der linearen Erörterung aus. Verwende passende Formulierungen, um den steigernden Aufbau und die logische Struktur deiner Argumentation zu verdeutlichen. Schreibe in dein Heft.*

!

Den Schluss formulieren
Der Schluss soll den Gedankengang abrunden. Du kannst angeben:
- □ eine Aufforderung oder einen persönlichen Wunsch oder
- □ einen Ausblick auf verwandte Themen oder zukünftige Entwicklungen.

5 *Einer der folgenden Schlusssätze ist ungeeignet.*
a) Kreuze an, welcher.
b) Begründe.

- □ Letztlich ist es also überflüssig, sich über dieses Thema viele Gedanken zu machen.
- □ Aus den genannten Gründen scheint mir die gängige Praxis, bei der Kleidung einen Unterschied zwischen Beruf und Freizeit zu machen, sinnvoll und angemessen zu sein.
- □ Ich finde es richtig, nicht in Freizeitkleidung zur Arbeitsstelle zu gehen, auch wenn es vielleicht Ausnahmen geben kann.

Teste dich! – Lineare (steigernde) Erörterung

1 *Kreuze an, ob die Aussagen richtig oder falsch sind.*

	richtig	falsch
Bei einer linearen Erörterung geht es darum, eine Position mit möglichst überzeugenden Argumenten zu begründen.	☐	☐
Die Argumente werden in beliebiger Reihenfolge aufgelistet.	☐	☐
Ein Argument kann etwa ein Beispiel oder ein Zitat sein.	☐	☐
Gegenargumente werden in einer linearen Erörterung nicht genannt.	☐	☐

2 *Ordne die folgenden Aussagen den drei Teilen einer linearen Erörterung zu: E = Einleitung, H = Hauptteil (Argumentation), S = Schluss.*

☐ Es gibt also viele gute Gründe, sich nicht aus purer Eitelkeit unter das Operationsmesser zu begeben.

☐ Immer häufiger wird in letzter Zeit in den Medien von neuen Möglichkeiten im Bereich der Schönheitsoperationen berichtet.

☐ Es gibt Alternativen, ein Schönheitsproblem zu beheben, denn man kann z. B. die Ernährung umstellen und Sport treiben, anstatt Fett absaugen zu lassen.

☐ Vielleicht werden aber die chirurgischen Möglichkeiten so verbessert werden, dass eine Schönheitsoperation in hundert Jahren so selbstverständlich ist wie heute ein Friseurbesuch.

3 *Formuliere eine These, die inhaltlich zu den Aussagen in Aufgabe 2 und den Argumenten in Aufgabe 4 passt.*

____

4 *Sortiere die folgenden Argumente nach ihrer Überzeugungskraft: 1 = schwächstes, 4 = stärkstes Argument.*

☐ **A** Schönheitsoperationen sind nur etwas für Prominente und Reiche.

☐ **B** Häufig sind die Ergebnisse der kosmetischen Chirurgie nicht zufriedenstellend.

☐ **C** Schönheitsoperationen haben meist ein sehr hohes medizinisches Risiko.

☐ **D** Es ist peinlich, wenn man nach der Operation gefragt wird, warum man anders aussieht.

5 *Ordne die beiden folgenden Belege je einem Argument aus Aufgabe 4 zu.*

☐ Komplikationen wie Blutungen, Infektionen, Narben und Taubheitsgefühle kommen nach Aussagen von Medizinern regelmäßig vor.

☐ Berühmte Filmschauspieler und TV-Moderatoren zum Beispiel müssen für ihren Beruf schön bleiben und können sich solche Eingriffe leisten.

Werte deine Ergebnisse aus, indem du deine Antworten mit dem Lösungsheft abgleichst.
Für jede richtige Antwort bekommst du einen Punkt.

15–12 Punkte	11–8 Punkte	7–0 Punkte
Gut gemacht!	*Gar nicht schlecht. Schau dir die Merkkästen der Seiten 9 bis 11 noch einmal an.*	*Arbeite die Seiten 9 bis 11 noch einmal sorgfältig durch.*

Dialektische (Pro-und-Kontra-) Erörterung

In der **dialektischen Erörterung** (auch: **Pro-und-Kontra-Erörterung)** wägt man die Gründe, die für eine These sprechen, und die Gründe, die gegen diese Position sprechen, gegeneinander ab und arbeitet so eine eigene Meinung heraus.
Das Thema bei einer dialektischen Erörterung ist häufig als **Entscheidungsfrage** formuliert, z. B.: „Sollen Jugendliche ihre Kleidung vom Taschengeld bezahlen?", „Kleidung aus dem Secondhandladen – ja oder nein?".
Typisch sind Formulierungen wie z. B.: „Erörtere Für und Wider ..." – „Nimm kritisch Stellung ..." – „Wäge Vor- und Nachteile ab ..." – „Setze dich mit ... auseinander".

1 *Lege eine **Stoffsammlung** zum nachfolgenden Thema an. Verwende die Anregungen, um eine Mind-Map auszuarbeiten, und ergänze eigene Ideen.*

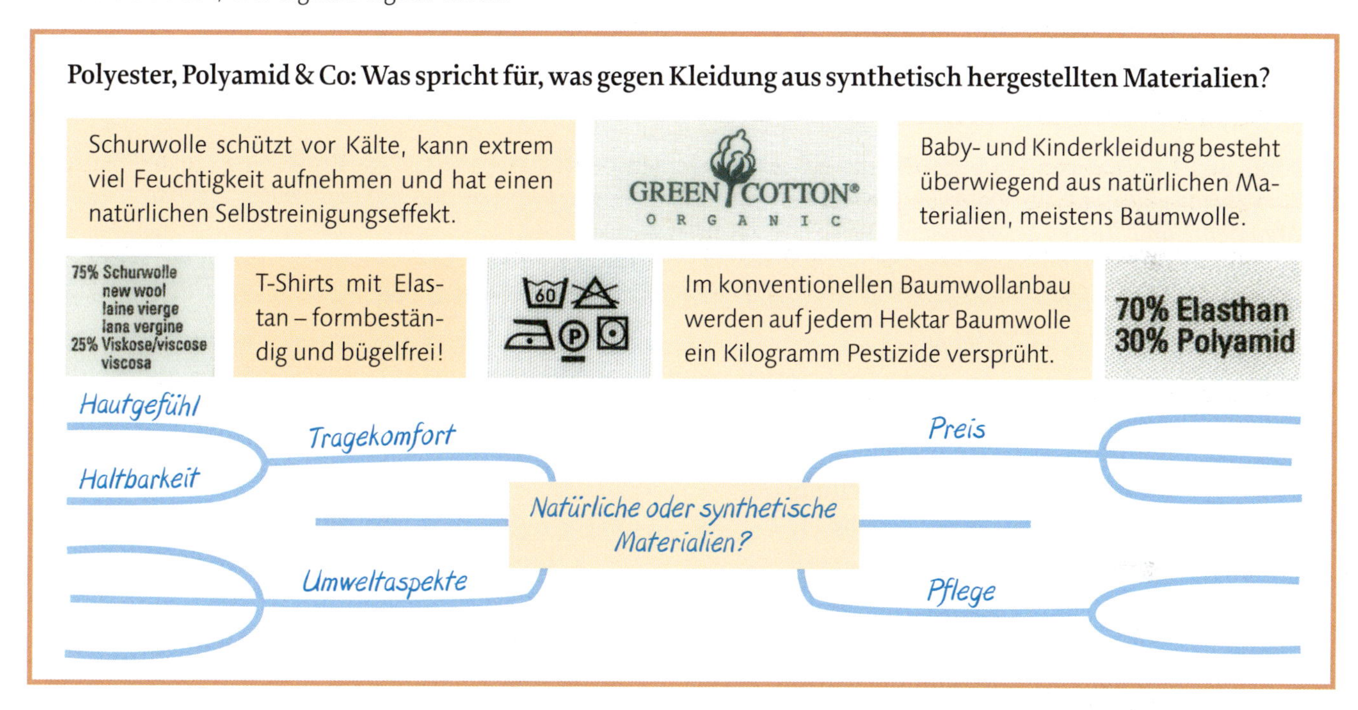

2 *a) Pro oder kontra? Beschrifte die folgende Tabelle, beachte dafür die vorgegebenen Argumente.*
b) Ergänze auf der Grundlage deiner Mind-Map für jede Seite zwei bis drei weitere Argumente.

Natürliche Textilfasern wie Baumwolle oder Leinen tragen sich angenehmer auf der Haut als künstliche Stoffe.	Viele synthetische Materialien sind in der Herstellung weniger aufwändig und die daraus gefertigten Kleidungsstücke deshalb preiswerter.

!

Auch für die dialektische Form der Erörterung gilt grundsätzlich das grobe **Gliederungsschema:** Einleitung – Hauptteil – Schluss.
Der **Hauptteil** enthält den **Argumentationsgang.** Für diesen Teil gibt es bei der dialektischen Erörterung zwei mögliche Bauprinzipien:

„Sandhur-Prinzip“

These (Gegenposition)
Argument 1 + Stütze
Argument 2 + Stütze
Argument 3 + Stütze

These (eigene Position)
Argument 1 + Stütze
Argument 2 + Stütze
Argument 3 + Stütze

„Pingpong-Prinzip“

These	Gegenthese
Argument (Stützung der These)	
	Gegenargument (Stützung Gegenthese)
Argument (Stützung These + Entkräftung Gegenargument)	
	Gegenargument (...)

3 *Zum Thema „Kleidung aus kontrolliert biologischem Anbau (kbA) – pro und kontra“ hat ein Schüler folgende Argumente und Stützen gesammelt:*
a) Kreuze an, ob es sich um ein Pro-Argument oder ein Kontra-Argument handelt.
b) Ordne die Stützen durch einen Pfeil dem passenden Argument zu. Ergänze Beispiele oder Belege für die Argumente, zu denen es noch keine Stütze gibt.

pro	kontra	
☐	☐	**A** Kleidung aus kbA ist deutlich teurer.
☐	☐	**B** Die konventionelle Herstellung von Textilfasern belastet die Umwelt.
☐	☐	**C** Es gibt nur wenige Firmen und Geschäfte, die Kleidung aus kbA anbieten, was den Kauf solcher Kleidung erschwert und die Auswahl verkleinert.
☐	☐	**D** Eigenschaften wie Haltbarkeit oder Formstabilität sind bei kbA hergestellter Kleidung schwieriger zu erreichen.
☐	☐	**E** Kleidung aus kbA schädigt den Organismus nicht mit gesundheitsschädlichen Farb- oder Imprägniersubstanzen.
☐	☐	**F** Kleidung aus kbA wird hochwertig verarbeitet und hat deshalb eine hohe Qualität.

a Bei T-Shirts z. B. wird kein Elastan verwendet, sodass sie schneller ausleiern.

b Im herkömmlichen Baumwollanbau wird auf jedem Hektar Baumwolle ein Kilogramm Pestizide versprüht.

c Für die Färbung dieser Kleidungsstücke werden nur natürliche Farbstoffe verwendet, die für den Körper nicht giftig sind.

____
____
____
____
____
____

4 *Formuliere eine These und eine Gegenthese zum Thema „Kleidung aus kontrolliert biologischem Anbau (kbA)“.*

These: ______________________

Gegenthese: ______________________

- Beim **Sanduhr-Prinzip** fängt man mit dem stärksten Argument für die Gegenseite an und hört mit dem stärksten Argument für die eigene Seite auf.
- Auch beim **Pingpong-Prinzip** sollte am Schluss das beste Argument für die eigene Position stehen. Außerdem sollten die jeweils aufeinanderfolgenden Argumente und Gegenargumente inhaltlich möglichst aufeinander bezogen sein.

5 *Ordne die Argumente einmal nach dem Sanduhr-Prinzip und einmal nach dem Pingpong-Prinzip. Gehe dabei davon aus, dass der Schüler selbst sich bei seiner Erörterung auf die Pro-Seite gestellt hat.*

These (Gegenposition):

Argument: ____________

Argument: ____________

Argument: ____________

These (eigene Position):

Argument: ____________

Argument: ____________

Argument: ____________

These	**Gegenthese**
Argument ________	
	Argument ________
Argument ________	
	Argument ________
Argument ________	
	Argument ________

6 *Verbinde die beiden Hauptsätze jeweils so, dass auch sprachlich deutlich wird, in welcher Beziehung die beiden Aussagen zueinander stehen. Wähle passende Verknüpfungen aus.*

dennoch | *zwar ..., aber* | *jedoch* | *deshalb* | *obwohl* | *denn* | *da* | *einerseits ..., andererseits* | *allerdings* | *weil* | *nicht nur ..., sondern auch*

Bei Kleidung aus kbA werden ausschließlich nicht allergene Farbstoffe verwendet.
Manche Menschen können die natürlichen Fasern, z. B. Wolle, nicht auf der Haut vertragen.

____

____

Gesetzliche Regelungen sollen gesundheitsschädliche Substanzen in Textilien verhindern.
Solche Substanzen werden bei Stichproben immer wieder einmal entdeckt.

____

____

Textilrohstoffe aus kbA sind auf dem Weltmarkt knapp. Es kann zu Lieferengpässen kommen.

____

____

7 *Arbeite nun das Thema und die Argumente aus Aufgabe 2 (S. 13) zu einer dialektischen Erörterung aus:*
a) Ordne die Argumente nach dem Sanduhr- oder dem Pingpong-Prinzip.
b) Formuliere die Argumente aus und verbinde sie mit passenden sprachlichen Ausdrücken.
c) Gestalte eine Einleitung und einen Schlussteil (▷ S. 11).

Erörterung in Anlehnung an eine Textvorlage

!

Eine **Erörterung** kann auch **in Anlehnung an eine Textvorlage** geschrieben werden, z. B. in Bezug auf einen Zeitungstext, der eine strittige Position behandelt oder ein Problem diskutiert. Im Unterschied zur freien Erörterung muss zunächst die Textvorlage erschlossen werden. Die eigene Argumentation erfolgt in der Auseinandersetzung mit der Argumentation des Textes.

1 *a) Lies die Textvorlage auf S. 17 aufmerksam durch.*
b) Notiere das Thema, zu dem hier argumentiert wird.

c) Bringe in einem Satz deine eigene Meinung zu diesem Thema auf den Punkt.

2 *a) Welche der folgenden Aussagen treffen auf den Text zu? Kreuze an.*

		richtig	falsch
1	Die meisten der befragten Personen äußern Einwände gegen uneingeschränkt farbenfrohe Kleidung für Männer.	☐	☐
2	Der Text besteht insgesamt aus einer schlüssig aufgebauten Argumentation.	☐	☐
3	Der Anlass des Artikels ist die Präsentation der neuen Mode auf den internationalen Modeschauen.	☐	☐
4	Die Argumente der verschiedenen Personen werden von der Verfasserin (Reporterin) geordnet, gewichtet und abschließend zusammengefasst.	☐	☐
5	Die meisten der befragten Personen gestehen den Männern einen relativ großen Spielraum bei der farblichen Gestaltung ihrer Kleidung zu.	☐	☐
6	Die persönliche Meinung der Verfasserin (Reporterin) wird nicht deutlich.	☐	☐

b) Korrigiere die falschen Aussagen.

3 *a) Markiere im Text Aussagen, die gegen eine bunte Kleidung von Männern sprechen blau, solche, die dafür sprechen rot und abwägende oder einschränkende Aussagen grün.*
b) Ordne jeweils eine Aussage aus dem Text (mit Zeilenangabe!) den folgenden Beschreibungen zu:

1 Ein Argument wird in seiner Allgemeingültigkeit eingeschränkt: ______

______

2 Eine Analogie (= ein Vergleich) wird als Argument verwendet: ______

______

3 Eine Aussage wird durch ein Beispiel veranschaulicht: ______

______

4 Gesellschaftliche Normen werden für die Argumentation herangezogen: ______

______

5 Gängige Redewendungen werden verwendet: ______

______

Dürfen Männer Farbe bekennen?

Es gibt Lichtblicke in der traditionell eher tristen männlichen Modewelt

Wenn alljährlich die berühmten Modedesigner auf den großen Modenschauen in Paris und Mailand ihre neuesten Kreationen präsentieren, gilt die Aufmerksamkeit immer vor allem dem weiblichen Geschlecht. Aber auch die Männer sind längst modebewusst genug, um für Lagerfeld & Co eine interessante Klientel darzustellen. Auffälliger als der Schnitt und die Kombination der Kleidungsstücke sind in der Regel die Farben der neuen Trends. Während in der Haute Couture extravagant Farbiges auch für Männer kein Problem mehr darstellt, präsentiert sich die alltägliche Männerwelt nach wie vor eher trist – oder? Unsere Reporterin Alegna Ekleim hat sich umgehört und sehr unterschiedliche Antworten bekommen auf die Frage: Dürfen Männer bei ihrer Kleidung die Farbpalette voll ausschöpfen?

Martin Katzke, 49, Filialleiter einer Bank: „In unserem Haus kommt es vor allem darauf an, dass unsere Mitarbeiterinnen und Mitarbeiter einen tadellos gepflegten Eindruck machen. Zu einem dezent anthrazitfarbenen Anzug ein rosa Hemd – warum nicht? Modisch-farbig darf es auch bei den männlichen Mitarbeitern sein, aber nicht auf eine provokative oder irritierende Art und Weise, die an der Seriosität unseres Unternehmens zweifeln lassen würde."

Vanessa Bart, 28, Verkäuferin in einer Herrenboutique: „Erlaubt ist, was gefällt! Die Zeiten, in denen Männer nur Blau und Schwarz, Braun und Grau tragen durften, sind ja wohl endgültig vorbei. Vor allem Rottöne sind für viele Männer eine tolle Entdeckung: Brombeer, Ziegel, Granat, Rubin. Ich rate meinen Kunden, hauptsächlich auf ihren Typ zu achten und Shirts und Pullis, aber auch Jacken und Anzüge auf den Teint, die Haar- und Augenfarbe abzustimmen. Natürlich ist es auch eine Sache des Alters: Junge Männer dürfen sich mehr Farbe leisten als ältere Herren, die häufig ja auch gewisse Figurprobleme zu kaschieren haben. Aber am Ende gilt immer: Der Kunde ist König, und wer mit 75 gern ein orangefarbenes Hemd tragen möchte, dem verkaufe ich das."

Liv Encke-Heinz, 56, Diplom-Psychologin: „Schon von Geburt an werden in unserem Kulturkreis Jungen und Mädchen mit unterschiedlichen Farben assoziiert: Jungen hellblau, Mädchen rosa. Das ist heute nicht wesentlich anders als früher, im Gegenteil, gerade in den letzten Jahren ist vor allem Rosa für Mädchen wieder sehr in, für kleine Jungs aber nach wie vor tabu. Zwar gibt es keine strengen Vorschriften mehr, und im Laufe der Kindheit und Jugend sind dann die farblichen Grenzen deutlich aufgeweicht. Dennoch können wir uns nicht so ohne Weiteres aus unseren Traditionen und den damit verbundenen Normen lösen. Welche Farben ein Mann für seine Kleidung wählt, ist deshalb nicht nur eine Frage des persönlichen Geschmacks, sondern immer auch Ausdruck einer inneren Haltung: Man zeigt Traditionsbewusstsein oder Protestbereitschaft, will unauffällig bleiben oder Aufmerksamkeit wecken."

Jan Andresen, 17, Schüler: „Im Biologieunterricht haben wir gelernt, dass in der Natur häufig die männlichen Tiere die farbenprächtigeren sind, um die Weibchen zu beeindrucken – warum soll das beim Menschen so anders sein? Be coloured, be coupled!"

Zu Argumenten Stellung nehmen
Zu Argumenten eines Textes kann man auf unterschiedliche Weise Position beziehen:

I Man kann einem Argument zustimmen. Dann sollte man es durch eigene Beispiele oder Belege weiter untermauern.

II Man kann einem Argument nur teilweise zustimmen. Dann sollte man deutlich machen, in welchem Teilaspekt oder unter welchen Bedingungen man abweichender Meinung ist.

III Man kann einem Argument zustimmen, es aber für unvollständig halten. Dann sollte man es ergänzen.

IV Man kann einem Argument vollkommen widersprechen. Dann hat man ein Gegenargument zu formulieren und durch Beispiele oder Belege zu stützen.

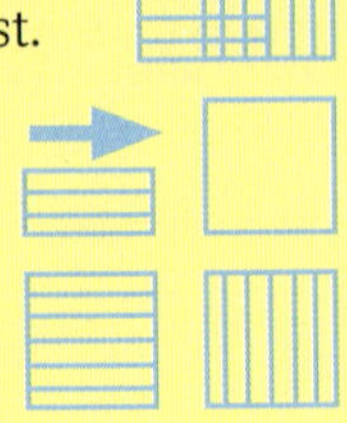

4 *Nimm zu folgenden aus dem Text abgeleiteten Argumenten in der geforderten Weise Stellung:*

1 Es gibt im Hinblick auf die Farbe der Kleidung keine absolut verbindliche Norm mehr, an die sich jeder Mann halten muss, vielmehr spielen unterschiedliche Faktoren wie Alter, Typ und Situation eine Rolle.

Zustimmung: ______________________

____

2 Es gibt bestimmte Farben, die nach wie vor ausschließlich dem weiblichen Geschlecht vorbehalten sind.

Teilweise Zustimmung: ______________________

____

3 In bestimmten Berufen werden Männern Vorschriften hinsichtlich ihrer Kleidung und deren Farbigkeit gemacht.

Unvollständig, deshalb Ergänzung: ______________________

____

4 Farbenfroh gekleidete Männer kommen bei Frauen besser an.

Widerspruch: ______________________

____

5 *Ordne die im Text und in den Aufgaben 3 b (S. 17) und 4 gesammelten Argumente sowie eigene Argumente in Stichwörtern nach dem Ping-Pong-Prinzip. Arbeite nach dem folgenden Muster in deinem Heft.*

Naturvergleich: Farbenpracht männlicher Tiere

→ *Menschliche Kultur: Bestimmte Farben für die Geschlechter traditionell festgelegt (Norm)*

...

6 *Formuliere auf der Basis deiner Vorarbeiten in den Aufgaben 1–5 eine dialektische Erörterung in Anlehnung an den Text „Dürfen Männer Farbe bekennen?" aus. Arbeite in deinem Heft.*

Teste dich! – Dialektische (Pro- und Kontra-) Erörterung

1 *a) Kreuze an, ob die Aussagen richtig oder falsch sind.*

	richtig	falsch
Bei einer Pro-und-Kontra-Erörterung geht es darum, jedes Argument durch ein Gegenargument zu entkräften.	☐	☐
In einer dialektischen Erörterung sollte man zuerst ausführlich die eigene Position begründen und danach nur noch kurz auf die Gegenseite eingehen.	☐	☐
Besonders gelungen wirkt es bei einer Erörterung, wenn man im Schlussteil noch einmal Gedanken aus der Einleitung aufgreift und dadurch ein textlicher Rahmen entsteht.	☐	☐
Bei einer textgebundenen Erörterung sollte man auch auf die sprachlichen Mittel des Textes eingehen.	☐	☐

b) Korrigiere die falschen Aussagen. ______________________

____

____

2 *a) Benenne die Strategie, die den jeweiligen Einleitungssätzen zu Grunde liegt (z. B. aktueller Anlass, Zitat).*

1 Gestern bin ich auf der Suche nach einem perfekt sitzenden T-Shirt wieder einmal rat- und erfolglos durch die Stadt gelaufen. ______________________

2 Noch zu Beginn des letzten Jahrhunderts war die Auswahl bei den Materialien, aus denen Kleidung gefertigt werden konnte, gering. ______________________

3 „kbA": Diese von unabhängigen Instituten zertifizierte Abkürzung steht für den Verzicht auf synthetische Pestizide und Düngemittel beim Anbau von Textilfasern. ______________________

b) Formuliere zu jedem Einleitungssatz einen korrespondierenden Schlusssatz:

1. ______________________

____

2. ______________________

____

3. ______________________

3 *Suche zu den folgenden Aussagen passende sprachliche Verknüpfungen (Satz 1 und 2; 2 und 3).*

1 Bei der Verarbeitung von Leder wird häufig die Gerbung mit Chromsalzen eingesetzt.
2 Chromgerbung basiert auf kostengünstigen Rohstoffen und erlaubt eine kurze Produktionsdauer.
3 Die Chromsalze lösen sich beim Tragen durch Schweiß und Wärme und können allergische Reaktionen auslösen.

____

Werte deine Ergebnisse aus, indem du deine Antworten mit dem Lösungsheft abgleichst. Für jede richtige Antwort bekommst du einen Punkt.

☺ ***14–11 Punkte*** *Gut gemacht!*	☺ ***10–7 Punkte*** *Gar nicht schlecht. Schau dir die Merkkästen der Seiten 13 bis 18 an.*	☹ ***6–0 Punkte*** *Arbeite die Seiten 13 bis 18 noch einmal sorgfältig durch.*

Über Sachverhalte informieren: Der Praktikumsbericht

Ein Praktikumsbericht soll über die Art und Weise sowie den Verlauf des Praktikums informieren.
Er enthält
- allgemeine Informationen zum Unternehmen (Art, Lage, Organisation);
- Informationen über die Berufe, die dort ausgeübt werden (Berufsbilder, Ausbildungswege);
- Informationen zum eigenen Arbeitsplatz und zur ausgeübten Tätigkeit;
- Tagesberichte, die konkret, sachlich, klar und knapp über den Ablauf eines Arbeitstags informieren;
- eine kritische Zusammenfassung der Praktikumserfahrungen.

Die Darstellung konzentriert sich auf deine berufliche Tätigkeit. Schreibe sachlich. Verwende Fachbegriffe und achte auf Verständlichkeit. Vermeide die Wiedergabe von Gefühlen oder persönlichen Wertungen. In der Zusammenfassung sind Wertungen erlaubt. Achte dabei auf eine sachgemäße Darstellung in angemessener Sprache (keine Umgangssprache), schreibe z. B.
nicht: „Es war öde!";
sondern: „Insgesamt waren die Tätigkeiten wenig abwechslungsreich."

Lara (16) liest gern Bücher, Zeitschriften, alles, was sie an Lesestoff findet. Was liegt näher, als das Hobby zum Beruf zu machen und ein Praktikum in einer Buchhandlung zu absolvieren?

1 *Ordne den folgenden Gliederungspunkten passende Textauszüge aus Laras Praktikumsbericht zu.*
a) Lies die Textauszüge und markiere wichtige Informationen farbig.
b) Notiere für jeden Textauszug, zu welchem Gliederungspunkt er inhaltlich passt. Trage den Buchstaben ein.

Mögliche Gliederungspunkte für einen Praktikumsbericht

A Informationen zum Unternehmen
B Berufsbilder und Ausbildungswege
C Mein Arbeitsplatz und meine Tätigkeit
D Tagesberichte
E Praktikumserfahrungen: Persönliche Zusammenfassung

☐ 1
Seit heute arbeite ich in einer kleinen Stadtteil-Buchhandlung. Es gibt ein breites Sortiment vor allem an Belletristik, Kinder- und Jugendbüchern, Reiseliteratur und Ratgebern sowie ein großes Angebot an Gesetzestexten und betriebswirtschaftlicher Fachliteratur.

☐ 2
Neben der Chefin, die auch die Inhaberin ist, gibt es in meinem Praktikumsbetrieb zwei angestellte Vollzeitkräfte sowie einen kurz vor der Abschlussprüfung stehenden Auszubildenden. Eine der beiden Vollzeitkräfte weist den Auszubildenden und mich an. Die Öffnungszeiten sind 10.00 Uhr bis 19.30 Uhr, unser Arbeitsbeginn ist bereits um 9.00 Uhr. Um 17.00 Uhr gehe ich nach Hause, mittags mache ich eine Stunde Pause.

☐ 3
Die Buchhandlung verwendet ein elektronisch gestütztes Warenwirtschaftssystem. Informationen über den Lagerbestand, das Bestellwesen oder den Umsatz sind damit jederzeit kurzfristig verfügbar.

☐ Verlangt ein Kunde nach einem bestimmten Buch, das erst bestellt werden muss, kann der Buchhändler online auf das VlB (= Verzeichnis lieferbarer Bücher) oder einen Großhandelskatalog zugreifen und den gesuchten Titel nachschlagen (bibliografieren). Unter dem Namen des Autors sind sämtliche seiner Werke mit ihrer ISBN (International Standard Book Number) aufgelistet. Die erste Ziffer gibt an, aus welchem Land das jeweilige Buch stammt (die -3- steht z.B. für Deutschland), und die folgenden Zahlenreihen geben den Verlag, die Titel- beziehungsweise Bandnummer sowie die „persönliche Nummer" des Buches, die so genannte Prüfziffer, zu erkennen. **4**

☐ Ich bin meistens im Laden eingesetzt. Morgens räume ich bereits ausgezeichnete, neu angelieferte Bücher in die Regale und prüfe dabei, ob alle Bücher noch in der gewünschten Ordnung stehen. Wenn nicht, räume ich auf. Dann versuche ich im Verkauf mitzuhelfen. Bei den Jugendbüchern kenne ich mich schon gut aus. Die Verkaufsgespräche mit den Kunden machen mir Spaß. **5**

☐ Hauptarbeitsgebiet ist der Ein- und Verkauf von Büchern und anderen Medien. Neben kaufmännischem Denken benötigt man ein Gespür für Markttrends und Kundenbedürfnisse, um das Sortiment, wie die Auswahl an angebotenen Büchern heißt, Erfolg versprechend zu gestalten. Eine ansprechende Präsentation im Laden und fantasievolle Schaufensterdekoration gehören ebenso zu den Tätigkeiten wie Lesungen, Signierstunden und andere Werbemaßnahmen. Im Verkaufsgespräch sind Fachwissen und ein sicheres, freundliches und kundenorientiertes Auftreten gefragt. **6**

Bibliothek der Deutschen Buchhändlerschule, Frankfurt-Seckbach

☐ Die Ausbildung zum Buchhändler dauert drei Jahre; sie kann mit Abitur um ein Jahr verkürzt werden. Es gibt rund 2700 Ausbildungsplätze, die Ausbildung erfolgt dual, also in Betrieb und Schule. Die Abschlussprüfung nehmen die Industrie- und Handelskammern ab. Wichtige Ausbildungsinhalte sind: Arbeitsorganisation, Marketing, Einkauf, Absatz, Verlagswesen, Bibliografie und Recherche, Rechnungswesen und Controlling. **7**

☐ Eine Besonderheit dieses kleinen Geschäfts stellen die zahlreichen und vielfältigen Abend- und Nachmittagsveranstaltungen dar, welche die Chefin mit Freude und Engagement organisiert. Der Eintritt ist frei und die Öffentlichkeit wird durch Zeitungsanzeigen angesprochen. Die Runde, die regelmäßig zusammenkommt, ist gemütlich und familiär; das Programm setzt sich zusammen aus Vorstellungen von Neuerscheinungen, Lyrikvorträgen, musikalischen Darbietungen usw. Zudem stellt die Buchhandlung ihre Räume für Ausstellungen junger und weitgehend unbekannter Künstler zur Verfügung. Bilder, Fotos und Zeichnungen dekorieren die Wände, eine Preisliste liegt aus. **8**

Den Arbeitsplatz beschreiben

2 *Stell dir vor, du würdest in der hier vorgestellten Buchhandlung ein Praktikum machen. Beschreibe den Arbeitsplatz. Der Auszug aus der Website der Buchhandlung gibt dir einige Informationen. Schreibe in dein Heft.*

Auf einer Fläche von 300 m^2 finden Sie ein breites Sortiment vor allem an Belletristik, Kinder- und Jugendbüchern, Reiseliteratur und Ratgebern sowie ein großes Angebot an Gesetzestexten und betriebswirtschaftlicher Fachliteratur.

Titel, die Sie bei uns nicht in den Regalen finden, können wir Ihnen bestellen – meist innerhalb von 24 Stunden. Sie können unsere Buchhandlung bequem mit Rollstuhl und Kinderwagen besuchen, kein Gedränge – kein Geschiebe. Eine Spielecke haben wir eingerichtet und Sitzplätze laden zum Schmökern ein. Unsere Buchhandlung ist auch ein Ort der Ruhe und Entspannung. Falls Sie im Dschungel der Titelvielfalt etwas Orientierung brauchen, beraten wir Sie gern und es liegen zu Ihrer Information die Zeitschriften „Literatur", „Bücher" und der „Freitag" aus.

Einen Tagesbericht schreiben

3 *Lara hat einige Notizen für ihren Tagesbericht gemacht.*
Formuliere einen zusammenhängenden Text aus Laras Notizen.
Du kannst dabei auch auf Inhalte der Textbausteine (S. 20–21) zurückgreifen.

gleich integriert, ohne Vorkenntnisse voll mitarbeiten, vor der Ladenöffnung Buchpakete öffnen, auspacken, auszeichnen, Bücher auf Tische für Neuzugänge verteilen, immer: ob Buch bestellen, verkaufen, einsortieren, kaufen = wichtig – **ISBN**, viele Sortimentsbereiche

Kundengespräche: (+/–)
ältere Dame (sehr freundlich) (+)
findet alles gemütlich, angetan von der großen Auswahl an Literatur zum Thema Nordic Walking. Begrüßt Veröffentlichungen – neuer Trendsport

Herr Berenz (wurde unverschämt) (-)
Buch vor Tagen bestellt, nicht da, will nicht wiederkommen, abbestellt

Max (Mitschüler) (+)
lobt übersichtliche Homepage, Bestellung über Internet, war schon am nächsten Tag da

herausgeputzte Dame mittleren Alters (-)
Beschwerde: Wo ist das Personal? Nicht jeder hat so viel Zeit, ewig an der Kasse zu warten!

Grundschülerin mit Mutter (+)
Suche nach einem Buch von Cornelia Funke, zeigte ihr Neuerscheinung, Kauf, Kommentar: Toller Laden! Tolles Team! Beste Beratung!

Tag: abwechslungsreich; viel gelernt; Magenschmerzen wegen Berenz und dieser Dame, aber auch Erfolgserlebnis, Hausaufgabe von Chefin

4 *Lara hat eine „Hausaufgabe" von ihrer Chefin bekommen: Sie soll einige Fragen beantworten. Hilf ihr bei der Recherche. Schreibe die Antworten ins Heft.*
- ☐ *Wie funktioniert die Buchpreisbindung?*
- ☐ *Welche Tätigkeiten muss eine Buchhändlerin/ein Buchhändler ausüben können?*
- ☐ *Was ist ein Buchgrossist?*

Kritische Zusammenfassung der Praktikumserfahrungen

5 *a) Vergleiche die folgenden persönlichen Zusammenfassungen.*
b) Begründe im Heft: Welche Zusammenfassung ist sprachlich angemessen? Welche überzeugt dich inhaltlich?

Als Praktikant in einer Buchhandlung. Der Chef war ganz überrascht, dass ich dastand, der hatte es vergessen. Und dann ging's los: Bücherlieferungen einräumen, Essen holen, Kunden die Werbeprospekte zeigen, Prospekte stempeln und mal schauen, wie man ein Buch bestellen würde. „Finger weg vom Bestellen", hatte der Chef mir eingeschärft. Ich hab's aber trotzdem gemacht. Nebenbei ein bisschen Alltagswissen und so'n Kram über die beiden Buchgrossisten und was ISBN bedeutet. Weiß doch jeder. Das Beste: Das „Moderne Antiquariat" heißt intern Ramschecke. Ist auch ganz schöner Ramsch, kaum zu glauben, dass das jemand kauft. Auch wenn das jetzt langweilig klingt und auch war, so ist die Erfahrung, acht Stunden am Tag zu arbeiten, ganz okay. Jetzt weiß ich was über einen Beruf (gab ja auch einen Fragebogen, den mir einer auch beantwortete). Ich hatte eher das Gefühl, das Praktikum war als Erfahrung für mich und nicht für die Firma gedacht. Eins steht fest: Buchhändler werde ich nicht. Zu staubig und zu öde!

Stefan

Im Gegensatz zu Prophezeiungen, die den Untergang des Buches im Zeitalter der elektronischen Medien voraussagen, demonstrieren aktuelle Verkaufszahlen, dass das Medium Buch auch zukünftig zur Information, Bildung und Unterhaltung der Menschen beitragen wird. Deshalb bin ich mir sicher, dass der Beruf des Buchhändlers erhalten bleiben wird. Das Praktikum hat mich in meinem Wunsch bestärkt, nach der Schule eine Ausbildung zur Buchhändlerin zu machen, denn ich bin der Meinung: Bücher verbinden die Menschen und tragen zur Kommunikation und Interaktion bei.

Jana

Teste dich! – Rund um den Praktikumsbericht

1 *Bringe die folgenden Gliederungspunkte für einen Praktikumsbericht in eine sinnvolle Reihenfolge, indem du sie nummerierst.*

☐ Tagesberichte ☐ Mein Arbeitsplatz und meine Tätigkeit ☐ Informationen zum Unternehmen

☐ Praktikumserfahrungen: Persönliche Zusammenfassung ☐ Berufsbilder und Ausbildungswege

2 *Welche Mittel der sprachlichen Gestaltung eines Praktikumsberichts sind zutreffend? Kreuze an:*

	zutreffend	nicht zutreffend
sachliche Sprache	☐	☐
durchgehend wertende Ausdrücke	☐	☐
Verwendung von Fachbegriffen	☐	☐
Verständlichkeit, z. B. durch klare Satzstrukturen	☐	☐
Umgangssprache	☐	☐
möglichst viel wörtliche Rede	☐	☐

3 *Sven hat ein Praktikum beim Stadtradio Göttingen absolviert.*

Mein Praktikum beim Stadtradio Göttingen

- ☐ Schulungen für alle; für Lehrer/Eltern
- ☐ Motto: lokal, informativ, werbefrei
- ☐ Träger: Gemeinnütziger Verein für Medienkultur
- ☐ Medienpädagogische Betreuung von Schüler-/Jugendgruppen/Studenten
- ☐ Grundgedanke: demokratisches Sprachrohr auf lokaler Ebene
- ☐ Stadtradio Göttingen: lokales Bürgerradio
- ☐ Besonderheiten: hauptamtliche Redaktion (aktuelles Tagesprogramm) und ehrenamtlicher Bürgerfunk (individuelle Programmpunkte)

a) Kläre, zu welchem/welchen Gliederungspunkt/en die Informationen jeweils passen.
b) Liste auf, zu welchen Gliederungspunkten Sven weitere Informationen zusammenstellen muss.

Werte deine Ergebnisse aus, indem du deine Antworten mit dem Lösungsheft abgleichst. Für jede richtige Antwort bekommst du einen Punkt.

☺ ***22–18 Punkte*** *Gut gemacht!*	☺ ***17–12 Punkte*** *Gar nicht schlecht. Schau dir den Merkkasten der Seiten 20 noch einmal an.*	☹ ***11–0 Punkte*** *Arbeite die Seiten 20 bis 23 noch einmal sorgfältig durch.*

Das Verb: Tempus

Bei der **Konjugation** (Beugung) des Verbs unterscheidet man verschiedene **Tempora** (Zeitformen):
- Präsens: „Cäsar *ist* ein berühmter Kaiser."
- Perfekt: „Er *hat* so manchen Krieg *geführt*."
- Präteritum: „Bekannt *wurde* der Satz: ‚Er *kam*, *sah* und *siegte*.'"
- Plusquamperfekt: „Nachdem er erneut *gesiegt hatte*, wurde er gefeiert."
- Futur I: „Schon als er klein war, hieß es: Er *wird* eine Berühmtheit *werden*."
- Futur II: „Das Römische Reich *wird erweitert worden sein*."

Achte bei starken Verben auf die Vokaländerung: „spr**e**chen", „spr**a**ch" (Präteritum), „gespr**o**chen" (Partizip).

1 a) *Füge im folgenden Text die Verben in Klammern im richtigen Tempus bzw. als Partizip ein.*
b) *Markiere unterschiedliche Tempora mit je einer anderen Farbe.*
c) *Lege in deinem Heft eine Tabelle nach folgendem Muster an. Wähle mindestens fünf Verben aus dem Text aus und konjugiere diese in der 3. Pers. Sg. durch alle Tempora.*

Infinitiv	Präsens	Perfekt	Präteritum	Plusquamperfekt	Futur I	Futur II
sitzen	er sitzt	er hat gesessen	er saß	er hatte gesessen	er wird sitzen	er wird gesessen haben

Gaius Julius Cäsar (100 v. Chr. – 44 v. Chr.) hat Berichte „Über den Gallischen Krieg" verfasst. Der Sprachkolumnist Bastian Sick lehnt eine fiktive Episode daran an.

Bastian Sick

Cäsars Kampf gegen die starken Verbier

Am Abend nach der siegreichen Schlacht saß Cäsar beim Schein einer Kerze an seinem Bericht: „Welch ein Triumph! Bei seinem Einzug in die eroberte Stadt hatten die Bewohner dem jungen Cäsar begeistert ____________ (zuwinken). Jene, die sich ihm zuvor als Spione ____________ (verdingen) hatten, erfuhren nun seine Großzügigkeit. Cäsar ____________ (wenden) sein Pferd um und ritt hinauf zum Palast. Der Truchsess eilte ihm entgegen, verneigte sich tief und ____________ (preisen) seinen Namen. ‚Dich hat der Himmel gesandt!', rief er. ‚Das Volk liegt dir zu Füßen, o mächtiger Cäsar! Was sind deine Pläne?' Cäsar entgegnete: ‚Ich werde den Palast erweitern, mit aus Marmor ____________ (hauen) Säulen, und drum herum einen großen Vergnügungspark anlegen lassen.' Der Truchsess, dessen Hoffnungen bereits ____________ (erlöschen) waren, fasste neuen Mut: ‚Welch göttlicher Plan!', jauchzte er. Nachdem er sich einen Moment ____________ (besinnen) hatte, wandte er ein: ‚Aber für einen Park ist kein Platz!' Cäsar trat an die Brüstung, sein Blick ____________ (gleiten) über die Stadt, dann sprach er die berühmten Worte: ‚Reißt die Stadt ab!' Der Truchsess ____________ (erbleichen), im nächsten Moment aber brach er in Gelächter aus. ‚Jetzt hast du mich aber ____________ (erschrecken), o Cäsar! Du willst die Stadt doch nicht wirklich niederreißen lassen?' ‚O doch. Notfalls lege ich selbst Hand an, denn hat es nicht immer ____________ (heißen): Ich kam, sah und sägte?'"

Der Konjunktiv

!

Indikativ (Wirklichkeitsform) und **Konjunktiv** (Möglichkeitsform) sind die beiden Aussageweisen des Verbs (Sg. Modus, Pl. Modi), z. B.:
- **Indikativ** (Wirklichkeitsform): „Er *ist* wunschlos glücklich!"
- **Konjunktiv** (Möglichkeitsform): „*Mögest* du glücklich werden!"
  Es gibt zwei Formen des Konjunktivs: Konjunktiv I und Konjunktiv II.

Die Formen des **Konjunktivs I** werden vom Infinitiv abgeleitet. Ihr besonderes Kennzeichen ist, dass die Endungen ein *e* enthalten:

Infinitiv	Indikativ Präsens	Konjunktiv I
„wünsch-en" „seh-en"	„er wünscht" „sie sieht"	„(er sagt,) sie wünsch*e*" „(sie sagt,) er seh*e*"

Der Konjunktiv I wird verwendet,
- um einen Wunsch oder eine Aufforderung auszudrücken, z. B.: „Er lebe hoch!" – „Sei unbesorgt!";
- in der indirekten Rede (▷ S. 29–32).

1 *Bilde die Konjunktiv-I-Formen für die Verben:*

müssen | wollen | werden | haben | scheinen

Lege eine Tabelle nach folgendem Muster an und arbeite sie aus.

Infinitiv	Konjunktiv I 1. Pers. Sg.	2. Pers. Sg.	3. Pers. Sg.
müssen	ich müsse	______	______

Infinitiv	Konjunktiv I 1. Pers. Pl.	2. Pers. Pl.	3. Pers. Pl.
müssen	______	ihr müsset	______

2 *a) Setze die Verben in der Konjunktivform in die Lücken ein.*
b) Schreibe hinter jeden Satz, was der Konjunktiv ausdrückt – Wunsch oder Aufforderung?

______ (mögen) die Arbeit gelingen! ______

Er ______ (bewahren) nur die Ruhe! ______

In Ordnung: ______ (sein) es, wie es ______ (sein)! ______

______ (kommen), was ______ (wollen)! ______

______ (wagen) es nur! ______

______ (verzweifeln) nicht! ______

Der **Konjunktiv II** wird vom Indikativ Präteritum des Verbs abgeleitet (oft mit Umlaut, d. h. Wechsel von *a, o, u, au* zu *ä, ö, ü, äu*). Häufig wird ein *e* eingefügt, z. B.: „ich schlief" → „ich schlief*e*", „du fuhrst" → „du führ*e*st", „du zogst" → „du zög*e*st", „ihr nahmt" → „ihr nähm*e*t".

- Der Konjunktiv II drückt aus, dass man eine **Aussage anzweifelt,** weil man sie für nicht wirklich, nicht wahrscheinlich oder nicht erfüllbar hält, z. B.: „Ach wäre ich doch Millionär!"
- Mit dem Konjunktiv II lässt sich ein **Wunsch** formulieren, z. B.: „Wenn doch nur die Sonne schiene!"
- Er dient oft als **Ersatzform für den Konjunktiv I** (▷ S. 26).

1 *a) Alles nur Wünsche! Unterstreiche in den folgenden Sätzen die vorhandenen Konjunktivformen.*
b) Ergänze die Sätze mit deinen Wünschen. Verwende Konjunktiv-II-Formen.

Hätte ich 1 Million Euro, dann ______________________

Wäre ich Bundespräsident, dann ______________________

Könnte ich ein Jahr Ferien machen, so ______________________

Besäße ich den Segelflugschein, ______________________

Wenn ich drei Wünsche frei hätte, ______________________

2 *Alles (noch) nicht wirklich! Aufgepasst: Streiche die falsch gebildeten Formen durch.*

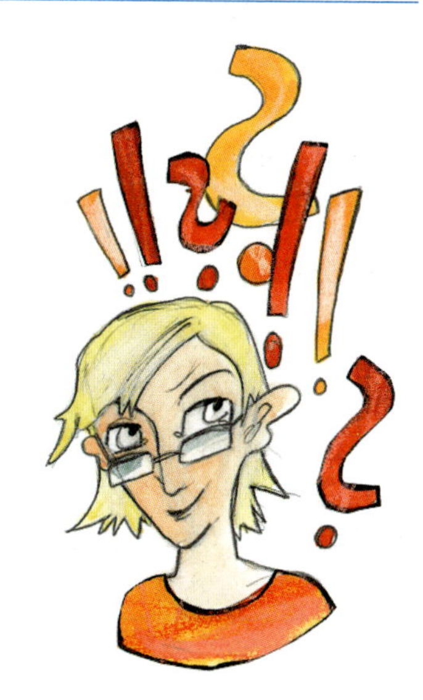

Ich hätte/habe nichts dagegen, wenn man etwas gegen die Langeweile unternehme/unternähme.

Wenn jetzt Sommer wäre/ist, dann schwämme/schwömme ich im See.

Wenn du mich nur lässest/ließest, dann hölfe/hülfe ich dir.

Wüsste/Weiß ich mehr, verstände/verstünde ich mehr, begreife/begriffe ich mehr.

Meldete ich mich häufiger im Unterricht, bekäme/bekomme ich eine bessere Note.

Hieltest/Hielst du mich für begabt, zeichne/zeichnete ich häufiger.

3 *Ziemlich unwahrscheinlich! Zu viel „würde". Bilde jeweils die Konjunktiv-II-Formen und notiere sie.*

Stell dir vor, ich würde …

Sebastian meinte, er werde nie mehr einen Pfirsich essen: „Mama, stell dir vor, wenn ich aus Versehen diesen riesigen Kern verschlucken würde und wenn er mir dann im Halse stecken würde und ich keine Luft mehr bekommen würde und ich herumspringen würde und immer würgen würde und auch du würdest aufspringen und würdest mir immer auf den Rücken klopfen, aber er würde nie mehr hervorkommen!" Besorgt fragte seine Mutter: „O Gott, hast du denn einen Kern verschluckt?" Sebastian zog die Stirn kraus: „Nein, aber wenn ich ihn verschlucken würde …"

verschluckte ______________________

____

Ersatzformen für den Konjunktiv I
Wenn der Konjunktiv I nicht vom Indikativ Präsens zu unterschieden ist, wählt man als Ersatzform den Konjunktiv II, z. B.:
„ich trage" (Indikativ) → „ich trage" (Konjunktiv I) → „ich *trüge*" (Konjunktiv II).
Dies ist vor allem in der 1. Person Singular sowie in der 1. und 3. Person Plural der Fall, z. B.:
„Man sagt mir nach, ich ~~trage~~ *trüge* die ganze Last der Welt auf meinen Schultern."
Möglich ist auch eine **Umschreibung mit *würde*,** z. B.:
„Man sagt mir nach, ich *würde* die ganze Last der Welt auf meinen Schultern *tragen*."

1 *a) Markiere zunächst die Konjunktivformen, die nicht vom Indikativ Präsens zu unterscheiden sind.*
b) Verdeutliche den Konjunktivgebrauch, indem du die Ersatzform und die Umschreibung mit „würde" verwendest.

Pabel behauptet, ich wünsche mir mehr Anteilnahme von dir.

Pabel behauptet, ich wünschte mir mehr Anteilnahme von dir.

Ich glaube, wenn du meine Sprache sprichst, verstehen wir uns.

An deiner Stelle, betont Mareike, mache ich mir keine Sorgen.

Sie können es schaffen, wenn Sie sich anstrengen, verheißt das Tagesmotto.

Ersatzformen für den Konjunktiv II
Wenn der Konjunktiv II auch im Textzusammenhang nicht vom Indikativ Präteritum zu unterscheiden ist, verwendet man meist die **Umschreibung mit *würde*.** Dies ist bei allen regelmäßigen Verben und teilweise auch bei den unregelmäßigen Verben der Fall, z. B.:
„sie redeten" (Indikativ Präteritum) → „sie redeten" (Konjunktiv II) → „sie *würden* reden";
„sie schwiegen" (Indikativ Präteritum) → „sie schwiegen" (Konjunktiv II) → „sie *würden* schweigen".
Wird der Konjunktiv II als ungebräuchlich oder unschön empfunden, kann man ebenfalls die Umschreibung mit *würde* verwenden, z. B.: „sie hülfen" → „sie *würden* helfen".

2 *a) Bilde jeweils die Konjunktiv-II-Form und die Umschreibung mit „würde".*
b) Markiere die Form, die du bevorzugst.

Die Kinder flohen. flöhen/ ______ Die Zeugen schworen. ______

Die Zeit drängte. ______ Sie trafen sich. ______

Formen der Redewiedergabe

Den Konjunktiv verwendet man vor allem bei der **indirekten Rede.** Mit dieser macht man deutlich, dass die Äußerung eines anderen Sprechers wiedergegeben wird.
Mit einem einleitenden Hauptsatz wird gesagt, um wessen Äußerung es sich handelt. Die Wiedergabe der Äußerung erfolgt dann in einem Nebensatz, z. B.:

- in einem **„dass"-Satz im Indikativ oder Konjunktiv I,** z. B.:
  „Die Kunstdetektivin sagte, *dass* noch nie so viele Millionenwerte aus Museen und Privatsammlungen verschwunden *sind/seien* wie heute."
- in einem **uneingeleiteten Nebensatz im Konjunktiv I,** z. B.:
  „Die Kunstdetektivin sagte, noch nie *seien* so viele Millionenwerte aus Museen und Privatsammlungen verschwunden wie heute."

Den Konjunktiv II verwendet man in der indirekten Rede,

- wenn der Konjunktiv I sich nicht vom Indikativ unterscheidet (▷ S. 28) oder
- wenn die wiedergegebene Äußerung selbst bereits im Konjunktiv II steht.

Weitere **Formen der Redewiedergabe:**
direkte (wörtliche) Rede, z. B.: Die Kunstdetektivin sagte: „Der weltweit bisher größte ungeklärte Kunstraub hat einen Schätzwert von 300 Millionen Euro."
Zitat, das in den eigenen Satz integriert wird, z. B.: Im Jahre 1994 fand laut Detektei „der größte Kunstraub der deutschen Nachkriegsgeschichte" statt. (Der zitierte Teil muss mit dem Originalsatz übereinstimmen.)
Paraphrase (Umschreibung), z. B.: Die Polizei bestätigte im Jahre 2002 den Verlust von neun bedeutenden expressionistischen Gemälden aus dem Brücke-Museum in Berlin.

1 *Markiere im folgenden Zeitungsbericht alle Textstellen, an denen der Autor Äußerungen anderer Sprecher wiedergibt. Wähle jeweils eine Farbe für wörtliche Rede (dR), indirekte Rede (indR), Zitat (Zit) und Paraphrase (Par). Schreibe die entsprechenden Abkürzungen an den Rand.*

Gestohlene Schätze

Weltweite Schadensbilanz jährlich: sechs Milliarden Euro

von Thomas Olivier

Der nächtliche Kunstraub dauerte 54 Sekunden: Einstieg über ein Baugerüst, die Vitrine mit einem Pflasterstein zertrümmert – weg war der teuerste Salzstreuer der Welt: Cellinis „Saliera" aus dem Kunsthistorischen Museum (5) in Wien. Schätzwert: 50 Millionen Euro lautete die Auskunft. Der Fall hält nicht nur FBI, Interpol, Scotland Yard und das Bundeskriminalamt (BKA) in Atem – auch die Kunstdetektivin Ulli (10) Seegers (35) in Köln. Umgehend trägt sie den Diebstahl in ihr Datenregister ein. Sie warnt die digital vernetzte Kunstszene via Internet. Akribische Recherchen beginnen: „Wir nutzen intime Kontakte bis in den schwarzen Markt hi-

Benvenuto Cellini (1500–1571): Saliera

nein." Etwa 1 000 geraubte Objekte pro Monat (15) registriere sie weltweit per Mail und Fax, bis zu 30 Diebstähle täglich. „Wir erfassen die Verluste über 400 Versicherungsgesellschaften, von geschädigten Privatsammlern und Polizei- (20) dienststellen, vom LKA, BKA und vom FBI." Mit Klischees räumt Ulli Seegers auf: „Wir machen keine Polizeiarbeit. Wir kennen uns lediglich in einem hochspezialisierten Segment aus und arbeiten der Polizei zu." Rund 180000 Werke sind in dunklen Kanälen verschwunden. Viele Schicksale sind noch ungelöst. „Was glauben Sie, wie viele Picassos derzeit gesucht werden? Mehr als 600 Werke von ihm sind derzeit als gestohlen gemeldet. Eine gigantische Zahl!" Erst im Februar hatte der Raub von bedeutenden Picasso-Gemälden in Rio de Janeiro und Paris die Kunstwelt erschüttert. Allein in Deutschland kämen bis zu sieben Werke täglich weg, vom kostbaren Beuys bis hin zur antiken Taufkanne. Auf Kunstbörsen und Trödelmärkten werde so viel heiße Ware angeboten wie nie zuvor. Seit Öffnung der Ostgrenzen sei die Bundesrepublik zu einer der „Drehscheiben des internationalen Kunstschwarzmarktes" aufgestiegen. Die Kunst beim Kunstraub besteht darin, Beute in Bares zu verwandeln, erläutert Seegers, denn berühmte Werke gelten als unverkäuflich. „Art-Napping" lautet eine pikante Variante. Erpresser böten Museen die Bilder gegen Lösegeldzahlungen wieder an. Lieber zahlt ein Opfer – nicht selten die Versicherung – nur zehn Prozent des Verkehrswertes, als 100 Prozent verloren zu geben. Die Hamburger Kunsthalle musste 2006 für die Rückkehr eines Caspar David Friedrichs eine „Aufwandsentschädigung" von 250000 Euro zahlen. Die „Nebelschwaden" hatten einen Versicherungswert von knapp zwei Millionen Euro. Geradezu als „Glücksfee" empfindet sich Ulli Seegers, wenn sie mithelfen kann, eine Kostbarkeit wie die „Winterlandschaft" (1629) des flämischen Malers Esaias van de Velde zu lokalisieren.

General-Anzeiger, Bonn, 4./5. 8. 2007

2 *Forme die Textstellen, in denen direkte Rede verwendet wird, in indirekte Rede um. Leite mit einem Hauptsatz ein, bilde dann eingeleitete („..., dass") oder uneingeleitete Nebensätze. Schreibe in dein Heft.*

„Wir nutzen intime Kontakte bis in den schwarzen Markt hinein."

*Die Kunstdetektivin erklärte, dass sie intime Kontakte bis in den schwarzen Markt hinein **nutzen/nutzten**.*

*Die Kunstdetektivin erklärte, sie **nutzten** intime Kontakte bis in den schwarzen Markt hinein.*

3 *Timon will ein Zitat aus dem Text (Z. 54 ff.) in indirekter Rede wiedergeben. Er ist unsicher und probiert verschiedene Formen aus. Was ist richtig?*
a) Streiche die Fehler in seinen Versuchen an.
b) Gib eine Erklärung für deine Lösung.

1 *Ulli Seegers empfindet sich geradezu als Glücksfee, wenn sie mithilft, eine Kostbarkeit wie die „Winterlandschaft" (1629) des flämischen Malers Esaias van de Velde zu lokalisieren.*

2 *Ulli Seegers meint, sie empfinde sich geradezu als Glücksfee, wenn sie mithelfen könne, eine Kostbarkeit wie die „Winterlandschaft" (1629) des flämischen Malers Esaias van de Velde zu lokalisieren.*

3 *Ulli Seegers erklärt, sie empfände sich geradezu als Glücksfee, wenn sie mithelfen kann, eine Kostbarkeit wie die „Winterlandschaft" (1629) des flämischen Malers Esaias van de Velde zu lokalisieren.*

Erklärung: ______

4 *Um welche Form der Redewiedergabe handelt es sich? Kreuze die richtige Antwort an.*

	Par	dR	indR	Zit
Manchmal hat Seegers es durchaus mit „halbseidenen Gestalten" zu tun.	☐	☐	☐	☐
„Aber in dem Moment, in dem es brenzlig wird, halte ich mich da schön raus."	☐	☐	☐	☐

Tempuswahl bei der indirekten Rede
Die Wahl des Tempus in der indirekten Rede hängt davon ab, in welchem zeitlichen Verhältnis der Nebensatz zum Hauptsatz steht.

„Der Krimi-Autor sagt/hat ... gesagt/sagte/hatte ... gesagt," (HS)
- „gestern *habe* er sein Manuskript *beendet*." (NS im Perfekt)
- „heute *lese* er es noch einmal ganz durch." (NS im Präsens)
- „morgen *werde* er es dem Verlag *zuschicken*." (NS im Futur)
- „im nächsten Jahr *werde* es hoffentlich *veröffentlicht worden sein*." (NS im Futur II)

1 *a) Markiere im folgenden Text die Konjunktivformen, die die indirekte Rede kennzeichnen. Verwende für den Konjunktiv I und den Konjunktiv II unterschiedliche Farben.*
b) Warum wurden Konjunktiv-II-Formen benutzt?

Begründe: ______________________________

Worin liegt der Reiz des Krimis? – Drei mögliche Gründe

Der Theologe Klaus Eberl fragt sich, worin der Reiz des Krimis liege. Er erläutert, dass dem Philosophen Ernst Bloch zufolge der Reiz zunächst in der Spannung des Ratens zu suchen sei. Mit der Lektüre beginne ein Wettlauf zwischen Autor und Leser. Der Autor habe seine Fährten ausgelegt. Sie sollten den Leser in die Irre führen, sollten ihn verzweifeln lassen bei der Suche nach dem versteckten Wer. Wahrheitsfindung sei die unendlich seltene Möglichkeit. Oft werde jemand als Täter entlarvt, der von allem Verdacht frei schien. Denn Menschen tarnten sich im Spiel der Welt.

2 *Gib den folgenden Text in indirekter Rede wieder.*

Zum Zweiten reizt das apokalyptische Moment. Die kleinen Zeichen und Indizien sind wichtig. Sie offenbaren den wahren Sachverhalt. Die Detektive gehen unterschiedlich vor. Sherlock Holmes liebt es naturwissenschaftlich. Die Lupe ist seine Waffe. Aus dem Straßenschmutz identifiziert er die Herkunft seiner Besucher. Hercule Poirot verlässt sich lieber auf seine Intuition. Rationales Pathos liegt ihm fern.

____

____

3 *Der folgende Text steht in der indirekten Rede.*
Streiche falsche Formen durch.

Eberl erläutert weiter, zum Dritten **reize es/reizte es/würde es reizen,** den dunklen Punkt in der Geschichte zu finden, von dem aus alles Unheil seinen Anfang **nimmt/nehme/nähme.** Jede Detektivgeschichte **hat/habe/hätte** ihren Sündenfall. Der analytische Blick auf die Ursachen des Übels **bleibt/bleibe/bliebe** jedoch nicht auf einen vergnügten Wettlauf mit dem Autor beschränkt. Vielmehr **bewährt/bewährte/würde ... bewähren** sich Krimilektüre als Übungsfeld für die Gesellschaftsanalyse: Wer **ist/sei/wäre** der Schurke, wer das Opfer? Wie **können/könnten/würden ... können** die dunklen Mächte der Angst vertrieben werden? Am Ende **erweist/erwiese/werde ... erweisen** sich der analytische Blick in die Vergangenheit als Voraussetzung für die Entfaltung der Zukunft.

Friedrich Dürrenmatts erster Kriminalroman „Der Richter und sein Henker“ erschien im Jahre 1950. Gegenspieler sind der Kommissar Bärlach und der Verbrecher Gastmann.

4 *Setze die passenden Konjunktivformen in die Lücken ein.*

Es gibt Menschen, die glauben, menschliches Handeln ______________________ (sein) berechenbar.

Kommissar Bärlach behauptet, die Unvorhersehbarkeit menschlichen Handelns ______________________ (fördern) die meisten Verbrechen zwangsläufig zu Tage. Der steinreiche Verbrecher Gastmann vertritt die These, gerade der Zufall ______________________ (begünstigen) das Verbrechen.

Dürrenmatt
Der Richter
und
sein Henker
Roman · Diogenes

5 *a) Im Folgenden findest du ein Gespräch zwischen Bärlach und Gastmann.*
Forme es in indirekte Rede um. Verwende Konjunktivformen und passende Redeeinleitungen.
b) Vergleiche die beiden Versionen und beschreibe die unterschiedliche Wirkung.

Friedrich Dürrenmatt

Der Richter und sein Henker (1950, Auszug)

Bärlach zog sich andere Schuhe an und betrat dann erst die Halle, blieb jedoch auf der Schwelle stehen. Hinter dem Schreibtisch saß ein Mann und blätterte in Schmieds Mappe. Seine rechte Hand spielte mit Bärlachs türkischem Messer.
„Also du“, sagte der Alte. „Ja, ich“, antwortete der andere. Bärlach schloß die Türe und setzte sich in seinen Lehnstuhl dem Schreibtisch gegenüber. [...] „Du nennst dich jetzt Gastmann“, sagte der Alte endlich. Der andere zog eine Pfeife hervor, stopfte sie, ohne Bärlach aus den Augen zu lassen, setzte sie in Brand und antwortete, mit dem Zeigefinger auf Schmieds Mappe klopfend: „Das weißt du schon seit einiger Zeit ganz genau. Du hast mir den Jungen auf den Hals geschickt, diese Angaben stammen von dir.“ Dann schloß er die Mappe wieder. Bärlach schaute auf den Schreibtisch, wo noch sein Revolver lag, mit dem Schaft gegen ihn gekehrt, er brauchte nur die Hand auszustrecken; dann sagte er: „Ich höre nie auf, dich zu verfolgen. Einmal wird es mir gelingen, deine Verbrechen zu beweisen.“ „Du mußt dich beeilen, Bärlach“, antwortete der andere. „Du hast nicht mehr viel Zeit. Die Ärzte geben dir noch ein Jahr, wenn du dich jetzt operieren läßt.“ „Du hast recht,“ sagte der Alte. „Noch ein Jahr. Und ich kann mich jetzt nicht operieren lassen, ich muß mich stellen. Meine letzte Gelegenheit.“ „Die letzte“, bestätigte der andere, und dann schwiegen sie wieder, endlos, saßen da und schwiegen. R

Teste dich! – Rund um das Verb

Der folgende Text ist der Anfang von Friedrich Dürrenmatts Novelle „Der Auftrag".

1 *Lies zuerst den Auszug aus der Novelle. Kreuze an: Das vorherrschende (Erzähl-)Tempus der Novelle ist*

☐ das Präsens, ☐ das Perfekt, ☐ das Präteritum.

Friedrich Dürrenmatt

Der Auftrag (1986, Auszug)

Als Otto von Lambert von der Polizei benachrichtigt worden war, am Fuße der Al-Hakim-Ruine sei seine Frau Tina vergewaltigt und tot aufgefunden worden, ohne daß es gelungen sei, das Verbrechen aufzuklären, ließ der Psychiater, bekannt durch sein Buch über den Terrorismus, die Leiche mit einem Helikopter über das Mittelmeer transportieren, wobei der Sarg, worin sie lag, mit einem Tragseil unter der Flugmaschine befestigt, dieser nachschwebend, bald über sonnenbeschienene unermessliche Flächen, bald durch Wolkenfetzen flog, dazu noch über den Alpen in einen Schneesturm, später in Regengüsse geriet, bis er sich sanft ins offene von der Trauerversammlung umstellte Grab hinunterspulen ließ, das alsobald zugeschaufelt wurde, worauf von Lambert, der bemerkt hatte, daß auch die F. den Vorgang filmte, seinen Schirm trotz des Regens schließend, sie kurz musterte und sie aufforderte, ihn noch diesen Abend mit ihrem Team zu besuchen, er habe einen Auftrag für sie, der keinen Aufschub dulde. R

2 *a) Markiere die Konjunktivformen im Text oben.*
b) Welche Konjunktivform wird verwendet? Kreuze an:

☐ Konjunktiv I ☐ Konjunktiv II

c) Warum wird der Konjunktiv verwendet? Kreuze an:

Der Konjunktiv wird verwendet,

☐ weil Otto von Lambert jeweils die Äußerung eines anderen wiedergibt.

☐ weil der Erzähler die Äußerung von anderen Figuren indirekt wiedergibt.

☐ weil Wünsche geäußert werden.

3 *Friedrich Dürrenmatt verwendet in dieser Novelle vorwiegend die indirekte Rede. Forme die folgende Passage in indirekte Rede um, verwende Konjunktivformen. Schreibe ins Heft und gleiche deinen Text genau mit dem Lösungsheft ab. Achte auf den veränderten Sprachrhythmus der indirekten Rede gegenüber der direkten.*

Lambert empfing sie in seinem Studierzimmer [...], erklärte dann vor laufender Kamera:
„Ich bin am Tode meiner Frau schuldig, weil ich die oft unter schweren Depressionen Leidende immer mehr als Fall statt als Frau behandelt habe, bis sie, nachdem ihr meine Notizen über ihre Krankheit durch Zufall zu Gesicht gekommen, kurzerhand das Haus verlassen hat, nach der Meldung der Hausdame nur in ihrem roten Pelzmantel, über einen Jeansanzug geworfen und mit einer Handtasche, seitdem habe ich nichts mehr von ihr gehört, doch habe ich auch nichts unternommen, von ihr etwas zu erfahren [...]" R

Werte deine Ergebnisse aus, indem du deine Antworten mit dem Lösungsheft abgleichst. Für jede richtige Antwort bekommst du einen Punkt.

12–8 Punkte *Gut gemacht!*	***7–5 Punkte*** *Gar nicht schlecht. Schau dir die Merkkästen der Seiten 25 bis 31 noch einmal an.*	***4–0 Punkte*** *Arbeite die Seiten 25 bis 31 noch einmal sorgfältig durch.*

Wiederholung: Satzglieder und Satzgliederweiterungen

!

Ein **Satz** setzt sich aus verschiedenen Satzgliedern zusammen.
Ob ein einzelnes Wort oder eine Wortgruppe ein Satzglied bildet, erkennt man durch die **Umstellprobe.**
Satzglieder lassen sich umstellen, ohne dass sich der Sinn des Satzes ändert, z. B.:
„Biblio-Mulis | ermöglichen | den Andenbewohnern | im Sommer | aktuelle Informationen."
„Im Sommer | ermöglichen | Biblio-Mulis | den Andenbewohnern | aktuelle Informationen."

Mit der **Frageprobe** lassen sich vom Prädikat ausgehend Satzglieder erfragen, z. B.: „Wer oder was?" = Subjekt (Nominativ); „Wem?" = Dativobjekt; „Wen oder was?" = Akkusativobjekt; „Worauf?", „Worüber?", „Wovon?" usw. = Präpositionalobjekt; „Wann?", „Wo?", „Wie?" usw. = adverbiale Bestimmung.

Subjekt	**Prädikat**	**Dativobjekt**	**adverbiale Bestimmung**	**Akkusativobjekt**
Wer oder was?		Wem?	Wann?	Wen oder was?
„Biblio-Mulis	*ermöglichen*	*den Andenbewohnern*	*im Sommer*	*aktuelle Informationen."*

Von den Verben „sein", „bleiben", „werden" kann neben dem Subjekt ein weiteres Satzglied im Nominativ abhängen, das Prädikativ (Gleichsetzungsnominativ), z. B.: „Ein Muli ist ein Lasttier." – „Ein Muli bleibt ein Muli." – „Mulis werden sehr alt."

1 *a) Ermittle die Satzglieder, indem du die Umstellprobe anwendest. Trenne sie durch Striche.*
b) Bestimme die Satzglieder durch die Frageprobe.

Die Universität Valle del Momboy in Venezuela | schickt wöchentlich „Biblio-Mulis" in die Anden. „Mulis"

Wer oder was? Subjekt

sind eine Kreuzung zwischen Pferd und Esel. Die Lasttiere bleiben meist ruhig und sie sind geduldig. Biblio-Mulis sollen Kindern und Erwachsenen Bücher in deren Bergdörfer bringen. Mit großem Engagement betreut Cristina Vieras das Projekt. Demnächst wird sie zusätzliche Lasttiere in die Berge entsenden. Diese werden elektronisches Gerät befördern. Die neuen Laptops sollen Kommunikationsmöglichkeiten eröffnen. Sie verfügen über einen drahtlosen Internetzugang. Die Andenbewohner erhalten bessere Kontakt- und Informationsmöglichkeiten. Christina Vieras' Arbeit ist sehr wichtig.

ARBEITSTECHNIK

Die Umstellprobe hilft dir, deinen **Schreibstil** zu **verbessern.** Du kannst
- Satzglieder hervorheben, indem du sie z. B. an den Anfang des Satzes stellst.
- Satzanfänge abwechslungsreich gestalten, indem du wechselnde Satzglieder an den Anfang stellst.

ARBEITSTECHNIK

Attribute tragen zu einem anschaulichen und abwechslungsreichen **Schreibstil** bei.
Attribute sind Angaben, die Bezugswörter genauer bestimmen. Sie sind Teil eines Satzglieds und bleiben bei der Umstellprobe mit ihrem Bezugswort verbunden. Ein Attribut kann vor oder nach einem Bezugswort stehen. Fast alle Attribute antworten auf die Frage „Was für ein ...?".
Bis auf das Prädikat kann jedes Satzglied durch ein Attribut erweitert werden. Es gibt verschiedene **Formen des Attributs,** z. B.:

- **Adjektiv** oder **Partizip:** „die *alte* Stadt", „*qualmende* Fahrzeuge"
- **Genitivattribut:** „die Kleidung *der Leute*", „*der Weisheit* Schluss"
- **präpositionales Attribut:** „ein Schrecken *ohne Ende*", „der Abschied *in Berlin*"
- **Apposition** (meist in Kommas eingeschlossen): „Die Stadtpagode, *ein Bau aus der Ming-Dynastie*, ist frisch restauriert."
- **Adverb:** „die Architektur *heute*"
- **Pronomen:** „*diese* Stadtgeschichte", „*seine* Ausstrahlung"
- **Mengenangaben:** „*viele* Touristen", „*drei* Jahrhunderte"

2 *a) Bestimme die Satzglieder der vorgegebenen Sätze.*
b) Erweitere sie, wähle dafür passende Attribute aus dem Angebot aus. Schreibe in dein Heft.
c) Bestimme die von dir ergänzten Attribute.

Metropolen findet man in den Winkeln. | Atlantis steht für Bauten. | Rom verzaubert auch heute noch Touristen.

aus aller Welt | *versunkene* | *schönsten* | *aus Marmor* | *die Ewige Stadt*
der geheimnisvolle Ort | *mit magischem Klang* | *der Erde* | *modernster Architektur*

3 *Unterstreiche im nachfolgenden Text in unterschiedlichen Farben Adjektivattribute, Genitivattribute, präpositionale Attribute und die Appositionen.*

Angkor Wat

Mitten im malariabelasteten Gebiet von Nordkambodscha steht eine der größten Tempelanlagen der Welt, das Urwaldheiligtum Angkor Wat. Die Tempelanlage Vishnus, einer vierarmigen Gottheit, umgibt ein kilometerlanger Wassergraben mit Lotusblüten. 600 000 Besucher aus dem In- und Ausland kommen jährlich hierher.
Bereits vor dem 12. Jahrhundert wurde mit dem Bau dieser großartigen Anlage begonnen. Auf einem 1000 Quadratkilometer großen Areal entstand um die Dschungelkathedrale ein kompliziertes Netzwerk aus inneren Wasserkanälen, Bebauungsflächen für Reis und Wohngebieten. Dem Urteil der Archäologen zufolge lebten 20 000 Menschen in Angkor Wat. Emsige Reisbauern, feilschende Fischhändler und kunstfertige Bambustischler zierten das Bild der Straßen. Und die kahl geschorenen Dienerinnen des Bauherrn und Königs Suryavarman II. beeilten sich, den Köchen des Herrschers Bauchfleisch vom Krokodil zum Braten zu bringen.
Die Ausmaße der Gesamtanlage wurden eher zufällig entdeckt: Erst Radarfotos aus dem Weltall machten ein Forscherteam aus Australiern und Franzosen darauf aufmerksam.

Wiederholung: Satzreihe und Satzgefüge

Satzreihe
Eine Satzreihe ist ein zusammengesetzter Satz, der aus zwei oder mehreren Hauptsätzen (HS) besteht. Die Teilsätze werden manchmal nur durch ein **Komma** getrennt, z. B.:
„Schnelle Transportmittel sind unverzichtbar, am liebsten benutzen Urlauber das Flugzeug."
——— HS ———, ——— HS ———.

Meist werden die Teilsätze aber durch nebenordnende Konjunktionen (Bindewörter, z. B.: „und", „oder", „denn", „aber") miteinander verbunden. Vor „denn" und „aber" **muss** ein **Komma** stehen, vor „und" bzw. „oder" **kann** es entfallen.
„Viele fahren gern mit dem Auto, aber Bahnfahren ist erholsamer."
——— HS ———, Konjunktion ——— HS ———.

Im Hauptsatz steht die **Personalform des Verbs** immer **an zweiter Stelle** nach dem ersten Satzglied.

Ein **Satzgefüge** besteht aus mindestens einem Hauptsatz (HS) und einem Nebensatz (NS). Ein Nebensatz kann vor, hinter oder innerhalb eines Hauptsatzes stehen. Er wird in der Regel durch eine unterordnende Konjunktion (z. B. „dass", „wenn", „weil", „obwohl") oder ein Relativpronomen (z. B.: „der", „die", „das", „welcher", „welche", „welches") eingeleitet, z. B.:
„Motorradfahrer verletzen sich oft unnötig, weil sie keine angemessene Schutzkleidung tragen."
——— HS ———, Konjunktion ——— NS ———.

Hauptsatz und Nebensatz werden **immer** durch **Komma** voneinander getrennt.
Die **Personalform des Verbs** steht im Nebensatz **an dessen Ende.**

1 *Untersuche die Sätze im Text.*
a) Umkreise in jedem Satz die Personalform des Verbs.
b) Unterstreiche Hauptsätze grün und Nebensätze rot.
c) Setze die fehlenden Kommas.

VORSICHT FEHLER!

Lkw-Unfälle auf deutschen Straßen

Die Zahl der Lkws auf deutschen Straßen ist hoch denn man kann Frachten so flexibler und kostengünstiger transportieren als per Bahn. Trotzdem bestreitet niemand dass Lkw-Fahren eine monotone Angelegenheit ist. Auf Autobahnen gibt es ein striktes Tempolimit die Trucker sollen möglichst rechts fahren und die Überholspur darf nur in Ausnahmefällen benutzt werden. Baustellen schränken das Fahrtempo ein und zahlreiche Staus verderben die Freude am Fahren. Da erstaunt es kaum dass so mancher Berufsfahrer seine Zeit hinterm Steuer sinnvoll nutzen möchte. Seitdem die Karlsruher Autobahnpolizei mit einem umgebauten Wohnmobil in die Fahrerkabinen der Trucker spähen kann wird die Öffentlichkeit immer genauer über das Leben hinter dem Brummilenkrad informiert. Manch einer telefoniert beim Fahren oder liest hinter seinem Steuer die Zeitung und trägt dabei seine Lesebrille auf der Nase. Andere arbeiten beim Fahren gerade ihre neue Route aus und Experten haben ihre Beine in einiger Entfernung vom Bremspedal auf der Ablage liegen während der eingebaute Tempomat die 100 km/h hält. Dass hierdurch Reaktionszeiten in brenzligen Fahrsituationen eingeschränkt sind das leuchtet jedem ein. Natürlich führen die meisten Fahrer ihre Sattelschlepper und Trucks sehr verantwortungsbewusst aber es wäre wünschenswert dass sich auch die schwarzen Schafe unter ihnen stärker an die Regeln halten würden.

2 *Wähle ein Satzgefüge und eine Satzreihe und zeichne jeweils das Stufenmodell dazu in dein Heft.*

Adverbialsätze

Adverbialsätze sind **Gliedsätze,** sie können an die Stelle adverbialer Bestimmungen treten. Adverbialsätze werden mit unterordnenden Konjunktionen eingeleitet (z. B.: „weil", „als", „wenn", „damit", „indem") und mit **Komma** vom Hauptsatz getrennt.

adverbiale Bestimmung
Mit einem strahlenden Lächeln
nahm sie von ihren Freunden Abschied.
Indem sie strahlend lächelte,
Adverbialsatz

Arten von Adverbialsätzen

Bezeichnung	Angabe über	erfragbar mit	Konjunktionen
Temporalsatz	Zeit	Wann? Seit wann? Wie lange?	„als"; „während"; „nachdem"; „sobald"; „seitdem"; „wenn"
Konditionalsatz	Bedingung	Unter welcher Bedingung? Wann?	„wenn"; „falls"; „sofern"; „unter der Bedingung, dass ..."
Konsekutivsatz	Folge/Wirkung	Mit welcher Folge? Mit welcher Wirkung?	„dass"; „sodass"; „so ..., dass"; „als dass"
Kausalsatz	Grund/Ursache	Aus welchem Grund? Warum?	„weil"; „da"; „zumal"
Finalsatz	Absicht/Zweck	Mit welcher Absicht? Zu welchem Zweck?	„damit"; „auf dass"
Modalsatz	Art und Weise	Wie? Auf welche Weise?	„indem"; „ohne dass"; „als ob"
Konzessivsatz	Gegengrund/ Zugeständnis/ Einräumung	Trotz welcher Gegengründe?	„obwohl"; „obgleich"; „wenngleich"

1 *Setze die passende Konjunktion ein.*

Sportskandale: Tour de France

A ____________________ die Anfechtung seines Dopingbefundes zurückgewiesen wird, will der spanische Radprofi bei der *Tour de France* in die Offensive gehen.

B ____________________ er das Blut seines Vaters verwendete, soll er sich auf unerlaubte Weise einen körperlichen Vorteil verschafft haben.

C ____________________ der Radsport von Krisen geschüttelt ist, wollen die Betreiber der *Tour de France* weitermachen.

2 *Forme die folgenden Sätze um, indem du die adverbiale Bestimmung zu einem Adverbialsatz umformulierst.*

D Zur Rückeroberung verlorenen Vertrauens muss Tour-Direktor Christian Prudhomme die richtigen Worte finden.

E Wegen der ständigen Dopingverdachtsfälle im Radsport soll die diesjährige WM in Stuttgart womöglich nicht stattfinden.

F Bei vorliegender Unterschrift des Radsport-Weltverbandes unter die Anti-Doping-Vereinbarungen wird die Stuttgarter Sportbürgermeisterin die WM nach Stuttgart holen.

G Die öffentlich-rechtlichen Sender übertragen zum Ärger der Radprofis keine Wettkämpfe mehr.

3 *Bestimme die Adverbialsätze aus Aufgabe 1 (S. 37) und 2 und notiere die dazu passenden Fragen.*

	Adverbialsatz	Frage
A	*Konditionalsatz*	*Wann wird der spanische Radprofi in die Offensive gehen?*
B		
C		
D		
E		
F		
G		

4 *a) Unterstreiche die Adverbialsätze im folgenden Text.*
b) Bestimme sie und notiere die Frage zur Bestimmung in Kurzform am Rand.

Honigbienen unter Stress

Nachdem in den USA und Kanada 2007 ein mysteriöses Bienensterben aufgetreten war, begannen deutsche Imker, ihre Bestände kritisch zu untersuchen. Obwohl sie keinen Bienentod feststellen konnten, gingen sie sofort an die Ursachenforschung, damit uns die fleißigen Blütenbestäuber auch weiterhin erhalten bleiben.

Wann? - Temporalsatz

Sie fanden einiges über das Bienensterben heraus. Wenn die Insekten von einer asiatischen Milbensorte befallen werden, verenden sie. Auch können ganze Bienenvölker bei großer Kälte erfrieren. Während die amerikanischen Imker ihre Verluste noch betrauerten, hielten die deutschen Forscher bereits ganz bestimmte Gründe für ausschlaggebend für das Ableben der dortigen Bienenbestände, nämlich Stress. Die industrialisierte Landwirtschaft in Amerika trägt hierzu deutlich bei. Weil Felder mit Pestiziden besprüht werden, können die Bienen nicht mehr gefahrlos auf jeder Pflanze landen. Weil durch rigorose Forstwirtschaft immer mehr natürliche Nistplätze in hohlen Astlöchern verloren gehen, müssen die Imker gezimmerte Kisten bereitstellen. Die Züchter selbst erzeugen ebenfalls Stress für die Insekten, indem sie immer wieder Auswahl- und Verbesserungsprozesse in ihren Bienenvölkern durchführen. Zudem werden die amerikanischen Bienen von Wanderimkern als bezahlte Bestäuber von Feld zu Feld kutschiert, sodass sie zusätzlichen Stress ertragen müssen. Obgleich in Deutschland noch keine Wanderimker aufgetreten sind, muss man sich dennoch fragen, ob den hiesigen Bienen in naher Zukunft nicht ein ähnliches Schicksal drohen könnte. Wenn auch hier die Bewirtschaftung von Wald und Feld zu noch ausgedehnteren Eingriffen in den natürlichen Lebensraum der Bienen führt, könnte ein Bienensterben auch bei uns die Folge sein.

5 *Bilde Satzgefüge mit Adverbialsätzen: Forme die Adverbialsätze aus dem Text auf S. 39 in adverbiale Bestimmungen um. Schreibe in dein Heft.*

Nach dem Auftreten eines mysteriösen Bienensterbens 2007 in den USA und Kanada begannen deutsche Imker, ihre Bestände kritisch zu untersuchen.

6 *a) Bilde Satzgefüge mit Adverbialsätzen. Wähle die passende Konjunktion.*
b) Bestimme die Art des Adverbialsatzes. Notiere den Fachbegriff (S. 37).

während	wenngleich	damit	sofern

A Die Honigbiene ist ein nützliches Tier.
Bedingung: bestäuben Blütenpflanzen

Art des Adverbialsatzes:

B Die Honigbienen verrichten ein unentbehrliches Werk.
Zeitverhältnis: die letzten 40 Millionen Jahre

Art des Adverbialsatzes:

C Die Honigbienen wirken zart und zerbrechlich.
Gegengrund: ein Bienenvolk bringt im Sommer 30 Kilogramm Pollen nach Hause

Art des Adverbialsatzes:

D Wissenschaftler verwenden bei Bienen Mikrochips.
Zweck: eindeutige Identifizierung der Tiere

Art des Adverbialsatzes:

Inhaltssätze (Subjektsätze und Objektsätze)

Inhaltssätze sind Gliedsätze, die die **Rolle von Subjekt oder Objekt** in Sätzen übernehmen können. Sie lassen sich wie ein Subjekt oder Objekt erfragen: „Wer oder was ...?", „Wen oder was ...?"
Bei der Bestimmung von Inhaltssätzen ist es hilfreich, den gesamten Satz zu verkürzen und den Inhaltssatz durch „etwas" zu ersetzen.

Subjektsatz
„Dass Waldbrände häufig durch Unachtsamkeit entstehen, | war | den Experten | klar."
Etwas
Subjekt **Prädikat** **Objekt** **Prädikativ**
Wer oder was war klar? – ... dass Waldbrände häufig durch Unachtsamkeit entstehen.

Objektsatz
„Experten | fordern, | dass Brandland in jedem Fall wieder aufgeforstet werden muss."
etwas
Subjekt **Prädikat** **Objekt**
Wen oder was fordern Experten? – „... dass Brandland ... wieder aufgeforstet werden muss."

Subjekt- und Objektsätze geben den Inhalt dessen an, was man weiß, sagt, vermutet, hofft, wünscht, was klar oder unklar ist usw. Deshalb nennt man diese Gliedsätze auch Inhaltssätze. Sie werden häufig durch die Konjunktion „dass" eingeleitet und durch ein **Komma** vom Hauptsatz getrennt.

1 *Erfrage die Inhaltssätze und kreuze richtig an.*

	Subjektsatz	Objektsatz
1 Dass das Rauchen in öffentlichen Gebäuden in Deutschland verboten ist, weiß mittlerweile jeder.	☐	☒
Frage: *Wen oder was weiß mittlerweile jeder?*		
2 Dass deshalb aber nicht jeder sofort mit dem Rauchen aufhören kann, ist ebenfalls bekannt.	☐	☐
Frage: ______		
3 Dass es Raucherzellen an öffentlichen Plätzen geben soll, wurde deshalb im Gesetzesentwurf vorgesehen.	☐	☐
Frage: ______		
4 Raucher fürchten, dass sie durch diese Maßnahmen zu sozialen Außenseitern werden.	☐	☐
Frage: ______		
5 Einigen Rauchern ist kaum bewusst, dass sie die Gesundheit anderer gefährden.	☐	☐
Frage: ______		
6 Nichtraucher freut, dass sie in Restaurants und Kneipen vom Raucherdunst unbehelligt bleiben.	☐	☐
Frage: ______		

!

Formen von Inhaltssätzen
- □ **dass-Satz:**
- □ **indirekter Fragesatz,** eingeleitet z. B. mit „ob", „warum", „wie", „weshalb":
- □ **Infinitivsatz:**

Beispiele
„Der Kegler ahnte bereits, *dass die Kugel daneben gehen würde.*"
„Der Kegler wusste nicht, *ob der nächste Wurf gelingen würde.*"
(direkte Frage: Würde der Wurf ... gelingen?)
„Der Kegler hoffte (,) *die Meisterschaften dennoch zu gewinnen.*"

Inhaltssätze werden in der Regel durch **Komma** vom Hauptsatz getrennt. Bei Infinitivsätzen kann das Komma entfallen, sofern nicht durch ein hinweisendes Wort auf den Infinitivsatz Bezug genommen wird, z. B.: „Der Kegler hoffte darauf, die Meisterschaften dennoch zu gewinnen."

2 *a) Unterstreiche im folgenden Text die Inhaltssätze und bestimme ihre Form. Notiere dein Ergebnis in der Randspalte.*
b) Setze die fehlenden Kommas. Setze Kommas, die nicht stehen müssen, in Klammern.

VORSICHT FEHLER!

Kegeln – der Renaissancesport des 21. Jahrhunderts

Dass Kegeln im 21. Jahrhundert eine Renaissance erlebt zeigen unlängst die gefüllten Auftragsbücher der Kegelbahnvermieter. Wer von jetzt auf gleich eine Bahn mieten möchte, wird merken wie schwierig das geworden ist. Die bewegende Frage ist allerdings wer die Kegler von heute sind. Früher übliche Motivationen zu kegeln scheiden heute aus. Im Vordergrund steht nicht mehr das Kegeln als Anlass für eine zünftige Bierrunde zu nehmen. Das Klischee der spießigen Altherrenrunde hat ausgedient. Der moderne Kegler ist Anfang bis Mitte zwanzig, besitzt keinen Bierbauch und findet dass Kegeln absolut cool und zeitgemäß ist. Sven Obermann (25), Gründungsmitglied vom Klub „Wertmarke", erläutert dass Kegeln eine gute Gelegenheit zur Geselligkeit biete. Wer seinen Freundeskreis unproblematisch und unbürokratisch zusammenhalten möchte sollte seiner Meinung nach kegeln. Regelmäßige Treffen ohne strikte Anwesenheitsverpflichtung sind da ein guter Anreiz. Wichtig ist auch dass der Kegelsport in der Regel für jedermann erschwinglich ist. Diejenigen, die sich vor zu bewegungsintensiven Sportarten scheuen, können hier auch mitmachen. Dass Kegeln zum Volkssport Nummer eins avancieren könnte hält Obermann durchaus für möglich.

Ob die von Obermann favorisierte Traditionssportart auch etwas für echte Sportfreaks sein kann fällt dem Kegel-Vizeweltmeister Stephan Stenger aus Alsdorf leicht zu beantworten. Unter Wettkampfbedingungen 240 Kugeln in insgesamt 96 Minuten über die Kegelbahn zu jagen verlangt schon die Konstitution eines Leistungssportlers. Aber als Ansporn gilt ihm dass alle zwei Jahre Europameisterschaften und alle vier Jahre Weltmeisterschaften im Kegeln stattfinden. Wie er bei dem bald in Brasilien stattfindenden Weltcup abschneiden wird weiß Stenger zwar noch nicht, aber er hofft dass er diesmal vielleicht sogar den Vizeweltmeister knackt. Wir würden es ihm wünschen.

dass-Satz

Infinitivsätze

!

Ein Infinitivsatz besteht aus einem **Infinitiv mit „zu" und mindestens einem weiteren Wort oder einer Wortgruppe.**
Infinitivsätze werden mit **Komma** vom Hauptsatz abgetrennt,
- wenn der Infinitivsatz durch „um", „ohne", „anstatt", „statt", „außer" oder „als" eingeleitet wird, z. B.: „Zunehmend mehr Menschen versorgen sich im Bioladen, ***statt*** *in einem Supermarkt einzukaufen.*"
- wenn der Infinitivsatz von einem Nomen oder einem hinweisenden Wort abhängt, wie etwa „daran", „darauf" oder „es", z. B.: „Sie trafen **die Vereinbarung,** *das Getreide biologisch* ***anzubauen.*"** – „Das Umweltamt hofft **darauf,** *die Chemiesünder* ***zu erwischen.*"**
- wenn der Infinitivsatz in den Hauptsatz eingeschoben ist, z. B.: „Die Zielsetzung, *die Müllgebühren zu senken,* halten Kommunalpolitiker für unrealistisch."

In allen anderen Fällen kann das Komma zur Leserfreundlichkeit und zum eindeutigen Verständnis gesetzt werden.

1 *a) Markiere im folgenden Text die Infinitivsätze.*
b) Setze die fehlenden Kommas.

VORSICHT FEHLER!

Wann ist Bio bio?

Um heutzutage als Karotte, Apfel, Kartoffel oder Steak von den Kunden akzeptiert zu werden schickt es sich das deutsche sechseckige Bio-Siegel zu erwerben. Aber wie geht das? An erster Stelle gehört dazu ein Landwirt, der anstatt auf gentechnisch verändertes Saatgut, chemische Düngemittel, Pestizide oder Antibiotika in der Tierhaltung zu setzen bereit ist alternative Wege zu gehen. Außer Saatgut und Jungtiere aus ökologisch arbeitenden Betrieben zu nehmen geht da erst einmal gar nichts. Beim Pflanzenanbau gilt es möglichst natürliche Schädlingsbekämpfung und Düngung zu betreiben. Eine Positivliste möglicher Produkte gibt an, was der Landwirt einsetzen darf. Damit kann man es vermeiden Fehler zu machen. Erkrankt ein Tier auf einem Biohof, wird der Tierarzt vorrangig pflanzliche und homöopathische Mittel einsetzen um es zu behandeln. Um auch weiterverarbeitete Lebensmittel mit dem Bio-Siegel auszeichnen zu können müssen weitere Punkte berücksichtigt werden. So ist bei der Haltbarmachung von Lebensmitteln auf die Bestrahlung mit ionisierenden Strahlen zu verzichten. Statt auf die ganze Palette synthetischer und naturidentischer Geschmacks-, Farb- und Konservierungsstoffe zugreifen zu können beschränken sich die Hersteller von Lebensmitteln mit dem Bio-Siegel auf eine Liste von rund 50 zugelassenen Zusatzstoffen. Sämtliche Bestimmungen des deutschen Bio-Siegels entsprechen den Anforderungen der EG-Öko-Verordnung und gelten damit innerhalb der gesamten Europäischen Union.

Gibt aber der Erwerb eines Bio-Siegel-Produkts eine Garantie darauf gesünder zu leben? – Die Verfechter ökologischer Landwirtschaft hoffen darauf in einigen Jahren mit entsprechenden Langzeitstudien aufwarten zu können, die dies bestätigen werden.

2 *Ein Satz – zwei Bedeutungen: Entscheide durch die Kommasetzung, welche Lesarten es gibt.*

Die Kundin bat den Verkäufer eindringlich die Inhaltsstoffe des Produkts zu erläutern.
Die Kundin bat den Verkäufer eindringlich die Inhaltsstoffe des Produkts zu erläutern.

Partizipgruppen

Obwohl Partizipgruppen kein Verb in der Personalform enthalten, können sie im Satz die Funktion von Gliedsätzen übernehmen. Man nennt sie auch darum **satzwertige Partizipien.** Satzwertige Partizipien können in Gliedsätze umgewandelt werden; dabei greifen sie auf dasselbe Subjekt wie der angegliederte Hauptsatz zurück.
Partizipgruppe: „*Vor Hitze schwitzend* marschierten wir weiter durch die Wüste."

Stufenmodell: satzwertiges Partizip – HS

Umformung in Gliedsatz: „*Obwohl wir vor Hitze schwitzten,* marschierten wir weiter durch die Wüste."

Partizipgruppen müssen normalerweise nicht durch Kommas abgetrennt werden. Um die Gliederung des Satzes deutlich zu machen, kannst du sie aber immer setzen.

Kommas müssen allerdings **stehen,**

- wenn durch hinweisende Wörter auf die Partizipgruppe Bezug genommen wird, z. B.: „*So, schwitzend vor Hitze,* erreichten wir die Oase."
- wenn die Partizipgruppe als nachgestellte Erläuterung (oft am Satzende) steht, z. B.: „Wir erreichten die Oase, *schwitzend vor Hitze.*"
- wenn du die Gliederung des Satzes verdeutlichen willst, z. B.: „Wir marschierten, *vor Hitze schwitzend,* weiter durch die Wüste."

1 *a) Setze in den folgenden Sätzen ein Komma, wo es erforderlich ist.*
b) Unterstreiche die Partizipgruppe.
c) Wandle die Sätze in Satzgefüge um, indem du die Partizipgruppe als Gliedsatz formulierst. Schreibe in dein Heft.

1 Den Blick für die Risiken des Klimawandels schärfend plädiert Prof. Andreas Troge für eine aktive Begrenzung ihrer Auswirkungen.
2 Die meisten Forscher reagierten die längeren Trockenperioden, stärkeren Regenfälle und zerstörerischeren Stürme berücksichtigend höchst alarmiert.
3 Man verbessert Deichbau und Hochwasserschutz in Deutschland zukünftige volkswirtschaftliche Schäden vermeidend.

TIPP

Satzwertige Partizipien können der knappen und präzisen Formulierung dienen. Stilistisch wirken sie manchmal umständlich. **Lesefreundlicher** ist es dann, statt der Partizipgruppe einen Nebensatz zu formulieren.

2 *Entscheide, welche Partizipgruppen im nachstehenden Text eher umständlich wirken und welche nicht. Formuliere den Text lesefreundlicher. Schreibe in dein Heft.*

Viele Bürger machen sich, den Klimawandel in Deutschland betreffend, gern ein romantisches Bild. Noch unter Palmen im heißen Süden Cocktails am Pool genießend, träumen sie bereits vom Urlaub zu Hause. Leider ist diese Vorstellung, jüngsten wissenschaftlichen Ergebnissen folgend, völlig falsch. Heißere Sommer und kältere Winter schon erwartend, werden uns stattdessen sich in Windeseile ändernde Großwetterlagen überraschen, Extremwetterlagen mit katastrophalen Auswirkungen. Gerade noch ruhig dahinfließend, verwandeln sich Flüsse in kürzester Zeit in Jahrhundertfluten. Wind, eben noch sanft wehend, wird zu einem unberechenbaren Orkan. Vor allem der Nordosten Deutschlands hätte, dem Bericht des Umweltbundesamtes vertrauend, verschärfte Sommer mit ausgeprägten Dürren zu erwarten. Meteorologen machen bereits darauf aufmerksam, zudem auf eine erhöhte Waldbrandgefahr, große Ernteeinbußen und Wasserknappheit hinweisend.

Relativsätze

Ein Relativsatz ist ein Nebensatz, der ein Bezugswort näher erläutert. Er hat im Satz die Rolle eines Attributs. Kennzeichen des Relativsatzes sind:

- Er wird durch ein **Relativpronomen** eingeleitet: „der", „die", „das" (ersetzbar durch „welcher", „welche", „welches").
- Die Personalform des Prädikats steht am Ende.
- Er bezieht sich auf ein Nomen oder Pronomen im Hauptsatz.

Vor dem Relativpronomen kann auch eine Präposition stehen, etwa „mit", „durch", „vor" usw.

Relativsätze werden **immer** durch **Komma** vom Hauptsatz abgetrennt. In den Hauptsatz eingeschobene Relativsätze schließen mit einem Komma, z. B.:

„Ihre Konzentration wurde durch einen Scheinwerfer, *der brummte*, gänzlich gestört."
Relativpronomen/Relativsatz

„Ihre Konzentration wurde durch einen *brummenden* Scheinwerfer gänzlich gestört."
Attribut

„Der Laufsteg, *auf dem das Model ging*, vibrierte."
Präp. + Relativpronomen/Relativsatz

„Der Laufsteg *mit dem Model darauf* vibrierte."
Attribut

Rechtschreib-Tipp: Das Relativpronomen „das" schreibt man immer mit einem „s". Um es nicht mit der Konjunktion „dass" zu verwechseln, sollte man testen, ob es sich durch *„welcher", „welche", „welches"* ersetzen lässt, z. B.: „Das Glas, *welches* dort steht, ..."

1 *Bilde Satzgefüge mit Relativsätzen. Schreibe ins Heft.*

1 Alek Wek ist ein 30-jähriges Model. Sie kommt aus dem Sudan.
2 Ihr Teint erregt Bewunderung. Er ist dunkler als der von Naomi Campbell oder Tyra Banks.
3 Journalisten schreiben über sie, sie sei ein Model von wilder Schönheit. Sie wurde mitten in Afrika entdeckt.
4 Tatsächlich wurde Alek Wek mit 19 Jahren im Londoner Crystal Palace Park entdeckt. Sie war damals Kunststudentin.

2 *a) Unterstreiche die Relativsätze und setze die fehlenden Kommas.*
b) Umkreise das richtige Relativpronomen.

Model aus Afrika

Alek Weks Geschichte (das/die) vor 30 Jahren im Sudan begann ist einmalig und fast unglaublich. Ihre Eltern, Geschwister und Verwandten gehören zum Stamm der Dinka (deren/dessen) Mitglieder für ihre eindrucksvolle Körperlänge sowie ihren majestätischen und kerzengeraden Gang bekannt sind. Ihr erstes Leben (das/dem) sie durch die Bürgerkriegswirren bedingt im Alter von neun Jahren entfloh verbrachte sie in der Kleinstadt Wau (die/das) im Süden des Sudans liegt. Nach der Flucht zu Verwandten, während (der/denen) sie quer durch die heiße Steppe laufen musste begann ihr zweites Leben. Mit zwölf Jahren musste sie dann erneut mit ihrer Familie fliehen, diesmal nach Karthoum der Stadt in (die/der) ihr Vater an einem einfachen Hüftbruch verstarb. Ihr drittes Leben begann. Aleks Schwester Ajok (die/der) damals bereits in London verheiratet war verhalf der Halbwaisen zu einem Visum. Mit dem Flug zu Ajok (der/die) für Alek einen Aufbruch in eine neue Welt bedeutete startete sie in ihr viertes Leben – als Model. Aber die Zeiten in (den/denen) sie auf Leopardenfellen als wilde Tarzanschönheit abgebildet wurde sind vorbei. Alek Wek zählt seit zehn Jahren zu den absoluten Topmodels.

Teste dich! – Grammatik und Zeichensetzung

1 *Setze im folgenden Text die fehlenden Kommas. Klammere Kommas ein, die man setzen kann, aber nicht muss. Achte auch auf Aufzählungen.*

Kalkutta – Die indische Metropole und ihre vergessenen Schätze

Kalkutta ein riesiger Moloch im Herzen von Indien ist eine Stadt mit fast 15 Millionen Einwohnern die sich täglich durch den Gestank den Lärm und die Enge der Stadt schieben.
Kaum jemand weiß dass im Norden der Stadt in dem einst bengalische Kaufleute Babus genannt mit den britischen Kolonialherren einen florierenden Handel führten herrliche Prachtbauten mit exotischen Gärten dem schleichenden Verfall anheimgestellt sind. Wenn sich abends die Sonne über Kalkutta senkt und wenn die Nacht über die Stadt hereinbricht wenn die Straßenhändler ihre Stoffe goldenen Armreifen Plastikschüsseln und Gewürze am Bürgersteigrand zusammenpacken erheben sich über der in Schlaf verfallenden Stadt an ihrem Nordrand wunderschöne Säulen mit korinthischen Kapitellen sowie Venusstatuen malerisch gehauene Blütenfriese und mächtige Stucklöwen die ihre Vorderpfoten nach uns ausstrecken. In ein goldenes Abendrot getaucht prägen sie die Silhouette der Stadt.

Warum noch nie jemand so richtig auf den Gedanken gekommen ist diese glorreichen Anwesen von einst retten zu wollen kann sich Kamalika Bose die 26-jährige Geschichtsstudentin kaum erklären. Mit ihr zusammen wandern wir bei 45 Grad im Schatten die Chitpur Road die Verkehrsader im Norden Kalkuttas entlang. Entlang dieses Boulevards liegen die kleinen exotischen Paläste verstreut aber auch in den Seitenstraßen sind einige zu finden und all das wollen wir kennen lernen.

2 *a) Setze, wo nötig, in den nachfolgenden Sätzen Kommas.*
b) Begründe deine Entscheidung in einem vollständigen Satz.

1 Kalkutta war so prächtig dass es im Britischen Empire London fast als ebenbürtig galt.

Begründung: ______________________________

____

2 Wegen ihrer regen Handelstätigkeit waren die bengalischen Babus im 18. Jahrhundert zu unermesslichem Reichtum gelangt.

Begründung: ______________________________

____

3 Sie ließen Paläste erbauen die äußerlich die klassizistischen Fassaden der Kolonialherren nachempfanden.

Begründung: ______________________________

____

4 Mit den aufwändigen Hausfassaden versuchten sie ihre englischen Besatzer zu beeindrucken.

Begründung: ______________________________

____

3 *Was liegt vor: Hauptsatz (HS), Satzreihe (SR) oder Satzgefüge (SG)?*
Schreibe das richtige Kürzel hinter jeden Satz.

1 Kamalika Bose schreibt in ihrer Diplomarbeit über die Paläste der bengalischen Babus, denn sie möchte vor allem die Erinnerung an die damaligen Prachtbauten konservieren. ______

2 Ursprünglich wollte Kamalika Bose nur fünf Häuser dokumentieren, stattdessen sind bis jetzt aber schon fünfundfünfzig daraus geworden. ______

3 Über zwanzig Studenten der Hochschule für Kunst in Bremen helfen ihr, die zahlreichen Häuser zu vermessen, ihre Friese abzupausen und sie mit der Digitalkamera für die Nachwelt festzuhalten. ______

4 Bei ihrer Arbeit im Straßengewirr Nordkalkuttas hat sie schon vor so mancher unerwarteten, aber schönen Überraschung gestanden. ______

4 *a) Unterstreiche die Attribute im Text und nummeriere sie.*
b) Ordne die Nummern den sich anschließenden Attributarten zu.

Die historischen Wurzeln der vergessenen Reichtümer Kalkuttas liegen im Jahr 1690. Die zentrale Lage der Ansiedlung bewog die Engländer, dort eine Handelsniederlassung von großem Einfluss zu gründen. Nach der Niederschlagung des Sepoy-Aufstandes im Jahr 1857 wurde die ruhmreiche Britische Ostindien-Kompanie aufgelöst. Indien, der gewaltige Subkontinent, wurde britische Kronkolonie. Kalkutta lag nunmehr am östlichen Rand Indiens, seine Bedeutung ging zurück.

Adjektivattribut: ______

Genitivattribut: ______

Präpositionales Attribut: ______

Apposition: ______

5 *Bestimme die Gliedsätze oder satzwertigen Gruppen.*
Ordne die Nummern der Sätze den sich anschließenden Gliedsatzarten zu.

1 Obwohl Kalkutta aus westlicher Sicht in der Regel nicht mit einem positiven Lebensgefühl in Verbindung gebracht wird, bezeichnen seine Bewohner selbst den Ort als „Stadt der Freude". 2 Bedenkt man, dass nur etwa 25 Prozent der Menschen für ihren Lebensunterhalt geregelt aufkommen können, ist dies kaum nachvollziehbar. 3 Unauflöslich scheint für uns Kalkutta mit Mutter Theresa verknüpft zu sein, die sich hingebungsvoll um die vielen Sterbenden in den Straßen dieser Metropole kümmerte. 4 Doch kann man auch anderes entdecken, wenn man sich auf die Stadt erst einlässt. 5 Durch Kalkuttas Straßen streifend entdeckt das Auge sofort den morbiden Charme britischer Kolonialarchitektur, der immer noch einen Großteil des Flairs ausmacht. 6 Auch unternimmt die Metropole Anstrengungen, um den Anschluss an das 21. Jahrhundert zu halten. 7 Verschiedene Callcenter und IT-Firmen haben Einzug in einen neuen Vorort gehalten, der von Kalkuttas Einwohnern „Salt Lake" genannt wird. 8 Wirtschaftlicher Aufschwung und kulturhistorisches Erbe tragen dazu bei, dass die Lebensfreude einer millionenstarken Bevölkerung gedeiht.

Adverbialsatz: ______

Inhaltssatz: ______

Relativsatz: ______

Infinitivsatz: ______

Partizipgruppen: ______

Werte deine Ergebnisse aus, indem du deine Antworten mit dem Lösungsheft abgleichst.
Für jede richtige Antwort bekommst du einen Punkt.

61–49 Punkte
Gut gemacht!

48–30 Punkte
Gar nicht schlecht. Schau dir die Merkkästen der Seiten 34 bis 45 noch einmal an.

29–0 Punkte
Arbeite die Seiten 34 bis 45 noch einmal sorgfältig durch.

Groß- und Kleinschreibung

!

Eigennamen und Herkunftsbezeichnungen

- In **mehrteiligen Eigennamen** mit Bestandteilen, die keine Nomen sind, schreibt man alle Wörter groß, mit Ausnahme der Artikel, Konjunktionen und Präpositionen, z. B.: „Deutscher Bundestag", „Großer Wagen", „Kap der Guten Hoffnung".
- Die von **geografischen Namen abgeleiteten** Wörter auf **-er** schreibt man immer groß, z. B.: „Edamer Käse", „Schweizer Dialekt", „Aachener Printen".
- Die von **geografischen Namen abgeleiteten** Adjektive auf **-isch** werden kleingeschrieben, wenn sie nicht Bestandteil des Eigennamens sind, z. B.: „französische Übersetzung", „fränkische Spezialität", „die darwinistische Evolutionstheorie".

TIPP

Beachte, dass Eigennamen nur **bestimmten, einzigartigen** Lebewesen, geografischen Gegebenheiten, Institutionen und historischen Ereignissen zugewiesen werden.

1 *Prüfe, ob ein Eigenname vorliegt, und schreibe die Ausdrücke in der richtigen Groß- und Kleinschreibung ab.*

DER ZWEITE WELTKRIEG ______________

VEREINIGTE STAATEN VON AMERIKA ______________

SCHWARZER TEE ______________

JOHANN WOLFGANG VON GOETHE ______________

DAS WEISSE HAUS ______________

SCHWARZWÄLDER SCHINKEN ______________

SALZBURGER FESTSPIELE ______________

DIE BONNER BEVÖLKERUNG ______________

DER HEILIGE VATER ______________

FREIE UND HANSESTADT HAMBURG ______________

HOLLÄNDER KÄSE ______________

BADISCHE SPEZIALITÄT ______________

DER SCHIEFE TURM VON PISA ______________

DER BESTE ITALIENISCHE WEIN ______________

FRANZÖSISCHER KÄSE ______________

WESTFÄLISCHER FRIEDEN ______________

GROSSER WAGEN ______________

WALTHER VON DER VOGELWEIDE ______________

KATHARINA DIE GROSSE ______________

DER FRANZÖSISCHE DOM IN BERLIN ______________

DAS BAYERISCHE BIER ______________

2 *Prüfe die Groß- und Kleinschreibung für die im Text markierten Wortanfänge. Streiche jeweils den falschen Buchstaben durch.*

Palmen auf der Zugspitze?

Ragen in hundert Jahren die Spitzen des K/kölner Doms aus dem Meer? Verschwinden die Strände der G/griechischen Inseln? Ist das Skifahren in den S/schweizer Alpen nur noch auf Kunstschnee möglich?
Wissenschaftler aus vielen Ländern versuchen seit einigen Jahren, die Veränderungen des Klimas zu erforschen und die drohende Katastrophe zu verhindern. Die V/vereinten Nationen haben wie die E/europäische Gemeinschaft an zahlreiche Institutionen Forschungsaufträge erteilt. Trotz der bekannten Probleme werden die B/brasilianischen Wälder aber weiter abgeholzt, wird auf den K/kanarischen Inseln durch Tourismusprojekte das Grundwasser abgesenkt und durch intensive Viehhaltung in der A/afrikanischen Steppe das Vordringen der Wüsten beschleunigt. Die Menschen stellen immer noch eigene, meist W/wirtschaftliche vor die Ö/ökologischen Interessen. Das Weltklima verändert sich somit immer schneller.
Wir merken dies auch in Deutschland, wenn der Sturm Kyrill große Teile des S/sauerländischen Waldes vernichtet, extreme Regenfälle die F/fränkischen Städte unter Wasser setzen oder das Meer an den O/ostfriesischen Inseln die Dünenketten annagt.
Schon jetzt sind viele Tierarten wegen der klimatischen Veränderungen vom Aussterben bedroht. In den A/arktischen Gewässern findet der Eisbär keine Nahrung mehr, der S/sibirische Tiger verliert durch die Abholzungen in der Taiga seinen Lebensraum und die Korallenriffe vor dem G/großen Barriere-Riff in Australien können dem steigenden Meeresspiegel nicht folgen.
Die Klimaveränderungen erfordern sofort ein konsequentes Handeln von Politik, Wirtschaft und Privatpersonen.

TIPP

Die Schreibung von **Verbindungen aus Adjektiv und Nomen** ist nicht in allen Fällen eindeutig geregelt. Wenn ein Nomen mit einem Adjektiv eine feste Verbindung eingeht, die aber kein Eigenname ist, so wird das Adjektiv in der Regel kleingeschrieben, wie z. B.: „das neue Jahr".
In den Fachsprachen gibt es hierzu jedoch unterschiedliche Regelungen. Häufig ist sowohl Groß- als auch Kleinschreibung möglich, z. B.: „das gelbe Trikot/das Gelbe Trikot".

3 *Setze die Adjektive (Farbbezeichnungen) in die Lücken ein und ergänze die Worterklärungen. Achte auf die richtige Groß- und Kleinschreibung. Schlage im Zweifelsfall im Wörterbuch nach und informiere dich, in welchen Fällen beide Schreibweisen richtig sind.*

weiß	gelb	schwarz	rot	grün

1 Die ______________ Witwe ist ein Fachbegriff der ______________________________.

2 Auf der ______________ Liste sind die vom Aussterben bedrohten ______________________.

3 Eine ______________ Karte bedeutet ______________________________.

4 Die ______________ Rose ist der Name für ______________________________.

5 Der ______________ Star ist ein Fachbegriff ______________________________.

!

Tageszeiten und Wochentage

- Bezeichnungen für Tageszeiten und Wochentage werden **großgeschrieben,** wenn sie Nomen sind. Man erkennt sie an den Nomensignalen (Artikel, Präposition, vorangestelltes Adjektiv oder Pronomen), z. B.: „der Morgen“, „gegen Mittag“, „in dieser sternklaren Nacht“.
- Bezeichnungen für Tageszeiten und Wochentage werden **kleingeschrieben,** wenn sie Adverbien sind, z. B.: „heute“, „abends“, „montags“, „montagmorgens“.
- Bei zweiteiligen Tageszeitangaben schreibt man die **Adverbien klein** und die **Nomen groß,** z. B.: „gestern Abend“, „morgen Mittag“, „heute Vormittag“.

TIPP

Verbindungen aus Wochentag und Tageszeit werden zusammengeschrieben, z. B.: „Mittwochvormittag“, „Sonntagabend“.

4 *Schreibe die Wörter in Großbuchstaben in der richtigen Schreibweise in dein Heft.*

Termine über Termine

MARA: Was machst du AMDONNERSTAGNACHMITTAG? Wir haben SEITWOCHEN nichts mehr zusammen unternommen.

TIM: Lass mich mal überlegen, DONNERSTAGABENDS und MONTAGNACHMITTAGS habe ich Handballtraining. Unser Trainer will VONHEUTEAUFMORGEN eine gute Mannschaft formieren. Wie wäre es stattdessen mit FREITAGGEGENABEND?

MARA: Ich fürchte, das wird nicht klappen, denn ich nehme MORGENABEND an einer Führung im Natur- und Umweltpark teil. Darauf freue ich mich schon SEITTAGEN.

TIM: Und was machst du AMSAMSTAG?

MARA: Der Termin hat gar keine Chance, denn BISZUMMITTAG muss ich mich auf meine Deutscharbeit AMNÄCHSTENMITTWOCH vorbereiten und SAMSTAGNACHMITTAG bin ich mit Miriam zum Eishockey verabredet. DERSONNTAG scheidet wegen eines VORMONATEN geplanten Familienfestes ganz aus.

TIM: Ich sehe, du bist ein viel beschäftigtes Mädchen, das JEDENTAG etwas vorhat.

Ich traue mich schon gar nicht mehr, nach den Terminen INDERNÄCHSTENWOCHE zu fragen ...

MARA: Wie wäre es eigentlich mit HEUTENACHMITTAG etwa GEGENFÜNFZEHNUHR?

TIM: Ja, warum nicht, ich treffe mich lieber HEUTEALSMORGEN mit dir.

5 *Schreibe eine E-Mail, in der du deinen Freunden oder Freundinnen möglichst konkrete Vorschläge für gemeinsame Unternehmungen am nächsten Wochenende machst. Verwende in deinem Schreiben folgende Zeitangaben und ergänze gegebenenfalls weitere. Schreibe in dein Heft.*

TAGSÜBER | SPÄTABENDS | VOR MITTERNACHT | IN ALLER FRÜHE | AM SAMSTAGVORMITTAG | ALLERFRÜHESTENS | SONNTAGNACHMITTAG

Liebe/r ________,
wie wäre es, ...

Teste dich! – Groß- und Kleinschreibung

1 *a) Lies den folgenden Text über die Stadt Dresden.*
b) Schreibe zu den mit 1 bis 5 gekennzeichneten Wörtern die Regeln auf, die deren Schreibweise erklären.

Die Stadt Dresden ist wegen ihrer geografischen Lage, ihres künstlerischen Lebens und ihrer berühmten Bauten ein beliebtes Reiseziel. Unter der Regentschaft 1 August des Starken wird der 2 Dresdner Hof schon Anfang des 18. Jahrhunderts zu einem Zentrum der Kunst und Kultur in Europa. Zu den heute noch bedeutendsten Dresdner Museen gehören die Gemäldegalerie Alte Meister und das 3 Grüne Gewölbe im Schloss, dem wohl prächtigsten 4 europäischen Schatzkammermuseum. Eine der Brillantgarnituren trägt den 5 größten grünen Diamanten der Welt.

1 ______

2 ______

3 ______

4 ______

5 ______

2 *Streiche im folgenden Text die falschen Buchstaben der markierten Wortanfänge durch.*

Als typische Mitbringsel aus Dresden werden das M/meißener Porzellan, die E/erzgebirgischen Spielzeuge und die Bildbände der S/staatlichen Kunstsammlungen angesehen. Antiquarisches lässt sich am besten auf dem T/typischen Trödelmarkt unterhalb der Albertbrücke oder in einem der Z/zahlreichen Antiquariate erstehen, so z. B. in der S/sächsischen Werk-Kunst-Stube in der Wallstraße. Wer mehr auf K/kulinarische Genüsse schwört, ist mit einem D/dresdner Christstollen oder S/sächsischem Wein gut beraten. In diesem Zusammenhang lohnt sich ein Besuch in der S/sächsischen Winzergenossenschaft Meißen, die auch köstliche K/kulinarische Spezialitäten anbietet, so z. B. die S/sächsische Kartoffelsuppe, die ohne Weiteres mit der E/elsässer Schneckensuppe konkurrieren kann. Besonders schmackhaft sind auch die G/grünen Spreewaldgurken, die man auf Dresdens G/größtem Wochenmarkt am D/deutschen Hygiene-Museum einkaufen kann.

3 *Von den drei Möglichkeiten ist nur jeweils eine richtig. Kreuze sie an.*

1
- ☐ Bei der Stadtführung **heute nachmittag** blitzte und donnerte es.
- ☐ Bei der Stadtführung **heute Nachmittag** blitzte und donnerte es.
- ☐ Bei der Stadtführung **Heute Nachmittag** blitzte und donnerte es.

2
- ☐ Die Busfahrt in die Sächsische Schweiz findet **Dienstag morgens** statt.
- ☐ Die Busfahrt in die Sächsische Schweiz findet **Dienstagmorgens** statt.
- ☐ Die Busfahrt in die Sächsische Schweiz findet **dienstagmorgens** statt.

3
- ☐ Wir treffen uns am **Sonntagabend** in der Frauenkirche.
- ☐ Wir treffen uns am **Sonntag abend** in der Frauenkirche.
- ☐ Wir treffen uns am **sonntagabend** in der Frauenkirche.

Werte deine Ergebnisse aus, indem du deine Antworten mit dem Lösungsheft abgleichst.
Für jede richtige Antwort bekommst du einen Punkt.

☺ ***24–17 Punkte*** *Gut gemacht!*	☺ ***16–11 Punkte*** *Gar nicht schlecht. Schau dir die Merkkästen der Seiten 48 bis 50 noch einmal an.*	☹ ***10–0 Punkte*** *Arbeite die Seiten 48 bis 50 noch einmal sorgfältig durch.*

Getrennt- und Zusammenschreibung

!

Verbindungen mit Verben

Verben und Verben

- Verbindungen aus zwei Verben werden getrennt geschrieben, z. B.: „lesen üben".
- Verbindungen mit „bleiben" und „lassen" als zweitem Bestandteil können zusammengeschrieben werden, wenn sie eine neue, übertragene Bedeutung haben, z. B.: „sitzen bleiben"/„sitzenbleiben" (nicht versetzt werden).
- Die Verbindung „kennen lernen"/„kennenlernen" darf grundsätzlich getrennt oder zusammengeschrieben werden.

Verben und Nomen

- Verbindungen aus Verben und Nomen werden in der Regel getrennt geschrieben, z. B.: „Diktat schreiben".
- Verbindungen aus Nomen und Verben werden dann zusammengeschrieben, wenn das Nomen verblasst ist oder in Verbindung mit dem Verb seine Eigenständigkeit verloren hat, z. B.: „eislaufen" (aber: „Eis essen"), „kopfstehen", „teilhaben". Sie sind Verben und werden kleingeschrieben.

1 *Schreibe die zusammengesetzten Verben und Wortgruppen mit Verben richtig in die Lücken. Wenn zwei Schreibweisen möglich sind, so schreibe zusammen und setze einen Strich | für die getrennte Variante.*

Der Deutschunterricht mit seiner Methodenvielfalt kann bei Schülerinnen und Schülern der Klasse 9 immer wieder ______________ (STAUNEN?ERREGEN). Werden Bücher vorgestellt, darf sich keiner ______________ (GEHEN?LASSEN) und
5 ein jeder muss dabei frei vor der Klasse ______________ (SPRECHEN?LERNEN). Auch sollen die Schüler und Schülerinnen ______________ (GESCHICHTEN?ERZÄHLEN) und dabei ihre Gedanken frei ______________ (LAUFEN?LASSEN). Es gibt weitere Unterrichtsstandards: ______________ (TEXTE?BEARBEITEN) oder auch ______________ (THEATER? SPIELEN). Besonders ______________ (HAFTEN?BLEIBEN) wird vermutlich die „Auf-
10 wärmrunde", als sie alle, Jungen wie Mädchen, ______________ (KARAOKE?SINGEN) sollten. In Mathematik müssen die Schülerinnen und Schüler nicht nur ______________ (RECHNEN?ÜBEN), obgleich schon dabei nicht alle ______________ (STAND?HALTEN). Sie müssen zudem ______________ (EXPERTENRUNDEN?DURCHFÜHREN) und manchmal auch ______________ (REFERATE?HALTEN).
15 Beim gemeinsamen Lernen wird so mancher Inhalt besser ______________ (HÄNGEN?BLEIBEN) und alle können am Lernfortschritt ______________ (TEIL?HABEN).

!

Verben und Adjektive
- Verbindungen aus Verb und Adjektiv werden meistens getrennt geschrieben, z. B.: „kritisch lesen".
- Haben Adjektiv und Verb zusammen eine neue Bedeutung, so werden sie zusammengeschrieben, z. B.: „blaumachen" (die Schule schwänzen).
- Bezeichnet das Adjektiv das Ergebnis des Vorgangs, den das Verb benennt, so können Adjektiv und Verb zusammengeschrieben werden, z. B.: „lang ziehen" (zeitlich lange ziehen)/„langziehen" (in die Länge ziehen).

2 *Vervollständige den Text mit den angebotenen Verben und achte auf Getrennt- und Zusammenschreibung. Wenn zwei Schreibweisen möglich sind, so schreibe zusammen und setze einen Strich | für die getrennte Variante.*

groß?schreiben	häufig?einfordern	schwarz?sehen	schnell?flüchten	wund?schreiben
sauber?fegen	laut?sprechen	gut?zureden	nahe?bringen	allein?stehen
leicht?fallen	fertig?machen	wichtig?machen	krumm?machen	glatt?gehen

Lehrertraum: Projektarbeit

Projektarbeit wird in vielen Fächern ____________ und deshalb ____________ ____________. Speziell bei der Präsentation gibt es immer einige Schülerinnen und Schüler, die ____________ ____________ und am liebsten ____________ möchten. Sie würden sich lieber für einen ellenlangen Aufsatz die Finger ____________ oder den gesamten Schulhof ____________,
5 ____________ als vor der Klasse ____________. Dann heißt es in den Projektgruppen, den Zweiflern ____________ und ihnen ____________, dass sie nicht ____________ ____________. Gemeinsam gilt es zu überlegen: Welches Thema könnte wem ____________ ____________? Bis wann ist alles ____________?
Wenn es von keinem heißt: „Der hat doch keinen Finger ____________!" und keiner
10 sich besonders ____________, dann wird schon alles ____________.

3 *Bei neuer, übertragener Bedeutung* ***können*** *Verbindungen von Verb und Verb zusammengeschrieben werden. Verb und Adjektiv* ***müssen*** *dann zusammengeschrieben werden.*
Gib für die folgenden Verbindungen die übertragene Bedeutung an und formuliere einen Beispielsatz aus dem Themenbereich „Schule". Arbeite nach dem folgenden Muster eine Tabelle in deinem Heft aus.

schleifenlassen	richtigstellen	steckenbleiben	verrücktspielen	sich leichttun

zusammengeschriebene Verbindungen	übertragene Bedeutung	Beispielsatz
haftenbleiben	in der Erinnerung bleiben	Haralds Ausführungen über die Kelten sind ihr im Gedächtnis haftengeblieben.
klarmachen	…	…

TIPP

Nominalisierte Verbindungen aus Verb und Verb, Verb und Nomen oder Verb und Adjektiv werden zusammengeschrieben, z. B.: „das Lesenüben", „das Diktatschreiben", „das Lautlesen".

4 *Trage die nachfolgenden Verbindungen in der angegebenen Reihenfolge in den Lückentext ein. Achte auf Getrennt- und Zusammenschreibung und auf Nominalisierungen.*

① ~~LESEN?ÜBEN~~	② LESEN?LERNEN	③ LANGSAM?LESEN
④ SCHWER?FALLEN	⑤ TEXTE?LESEN	⑥ SCHRIFTLICH?ÜBERMITTELT

Das Lesenüben ist sehr zu empfehlen. Nicht allen Grundschülerinnen und -schülern fällt das __________ __________ leicht. Sind sie dann einmal ans __________ gewöhnt, kann es manchen auf der weiterführenden Schule __________, längere Texte zu verstehen. Aber sie müssen dennoch __________, denn die meisten Informationen werden __________.

5 *Am Ende des Schuljahres schreibt Carola (Klasse 9) an Tim (Klasse 5), für den sie die Patenschaft übernommen hat, einen Brief, in dem sie auf das vergangene Jahr zurückblickt.*
In einer Schreibkonferenz sollen die Briefe bezogen auf die Getrennt- und Zusammenschreibung von Verb und Verb, Verb und Nomen sowie Verb und Adjektiv korrigiert werden. Du korrigierst Carolas Text:
a) Unterstreiche die Verbindungen mit Verben im Text.
b) Ist die Schreibweise falsch, so schreibe die korrigierte Fassung und die entsprechende Regel in dein Heft.
c) Ist auch eine andere Schreibweise möglich, so notiere diese ebenfalls im Heft.

VORSICHT FEHLER!

Lieber Tim!
Dein erstes Schuljahr an unserer Schule ist schnellvergangen. Bei der Begrüßung wollte ich gern dein vertrauenerwecken. Als dein Pate wollte ich dir freundlich begegnen und dir viele Tipps für den Schulalltag geben, sei es fürs still sitzen im Unterricht, fürs orientieren lernen im Schulgebäude oder für das Mülleinsammeln beim
5 Hofdienst.
Anfangs ist dir das Hausaufgaben machen besonders schwer gefallen. Du musstest lernen, auch am Nachmittag noch Aufsätzezuschreiben, gleichungenzulösen und Karten zu zeichnen.
Das Theater spielen in unserer Schulgruppe hast du gleich sehr ernst genommen. Gern habe ich anderes liegen lassen, um mit dir Pantomimen einzustudieren oder betonenzuüben.
10 Ja, wir hatten ein schönes erstes Jahr zusammen. Als ihr Kleinen uns Paten einmal in der Pause mit Wasserpistolen nassgespritzt habt, konntet allerdings nur ihr lautlachen.
Ich freue mich auf das kommende Schuljahr mit dir. Wenn du ratsuchst, hoffe ich, dir erneut schnell- und guthelfen zu können.
Deine Carola

schnell vergangen: Verb + Adj. i. d. R. getrennt

Verben und Partikeln
Verb und Partikel werden zusammengeschrieben, wenn die Betonung auf der Partikel liegt. Partikeln sind Wortbestandteile,
- die nicht flektiert werden können, wie z. B. Präpositionen (z. B.: „*ab*halten", „*aus*wählen", „*zwischen*schalten") oder Adverbien (z. B.: „*heraus*nehmen", „*wieder*sehen", „*zusammen*kommen"), oder
- die Merkmale von frei vorkommenden Wörtern verloren haben (z. B.: „*dar*bieten", „*vorlieb*nehmen").

Verb und Partikel werden getrennt geschrieben, wenn die Betonung auf Partikel und Verb liegt, z. B.: „Nach der OP konnte er *wieder sehen*." Aber: „Sie wollte ihn nie *wiedersehen*."

6 *Kombiniere Partikeln mit Verben. Wähle zehn Zusammensetzungen aus und schreibe damit einen Text zu einem schulischen Ereignis, wie z. B. Sommerfest, Lesenacht, Weihnachtsbasar, Sportfest, Konzert …*
Schreibe in dein Heft.

Präpositionen	Adverbien	Bestandteile, die nicht frei vorkommen	Verben
ab-, an-, auf-, bei-, durch-, entgegen-, entlang-, gegen-, hinter-, mit-, nach-, über-, um-, unter-, vor-, wider-, zu-, zwischen-	auseinander-, beisammen-, davon-, dazu-, dazwischen-, fort-, her-, heraus-, herein-, hinterher-, nieder-, rückwärts-, voran-, vorbei-, weg-, weiter-, wieder-, zurück-, zusammen-	abhanden-, anheim-, bevor-, dar-, entzwei-, hintan-, inne-, überein-, überhand-, umhin-, vorlieb-, zurecht-	brechen, kommen, prallen, laufen, sitzen, gucken, rennen, schauen, knien, bücken, räumen, sehen, lernen, stellen, rücken, fallen, stehen, legen, halten, stimmen, nehmen, sprechen, machen, führen, denken, rufen, handeln

7 *Vervollständige die Sätze mit der jeweils passenden Getrennt- oder Zusammenschreibung.*

hinterher?laufen

Auf dem Klassenausflug wollen die Schüler zuerst schwimmen und ______________________.

Der Klassenlehrer möchte den Eintrittsgeldern fürs Schwimmbad nicht ______________________.

zusammen?arbeiten

Am Projekttag möchte die 9b gerne mit der 9c ______________________.

Erst wollen sie gemeinsam frühstücken, dann ______________________.

wieder?geben

Beim Skatwettkampf der Spiel-AG müssen die Zehntklässler ______________________.

Eine Schülerin sagt: „Du musst mir mein Kartenspiel nachher ______________________!"

zusammen?tragen

Die Ergebnisse der Vorträge zum Thema „Der menschliche Körper" werden ______________________.

Das mannsgroße Skelett müssen die Schüler ______________________.

Teste dich! – Getrennt- und Zusammenschreibung

1 *Der folgende Text enthält 7 richtige und 4 falsche Schreibweisen von Verb und Verb oder von Verb und Adjektiv. Unterstreiche die richtigen Schreibweisen grün, die falschen rot.*

VORSICHT FEHLER!

Abschlussparty für die Austauschschüler

Die Jahrgangsstufe 9 hat es tatsächlich fertiggebracht: eine Party in der Schule! Mit den Austauschschülern aus England ist die Freundschaft nicht schwer gefallen und nun sollen die Gäste angemessen verabschiedet werden.

Da an diesem besonderen Abend nichts schief gehen darf, muss von den Schülerinnen und Schülern alles gutgeplant werden. Es ist z.B. klar festgelegt, welches Team kocht und backt oder kleine Geschenke bastelt. Die Küchengruppe darf ein Chili con Carne starkwürzen und Törtchen mit Guss blau färben, weil Blau als Schulfarbe der Gäste ihrer Stimmung guttun wird. Für Fotocollagen als Andenken wurden Illustriertenbilder kleingeschnitten und auf Pappen eng aufgeklebt.

2 *Streiche die falsche Schreibweise der Verbindungen von Verb und Partikel durch.*

1 Für die Abschlussfeier hat das Klassenzimmer sein Partyflair wieder bekommen/wiederbekommen.
2 Für die Musikanlage wurden Tische in einer Ecke zusammen gerückt/zusammengerückt.
3 Der Tisch fürs Büfett sollte zur Tanzfläche quer gestellt werden/quergestellt werden.
4 Discokugel und farbige Strahler sollten von der Decke herab hängen/herabhängen.

3 *Schreibe die folgenden Sätze mit abgeteilten Wörtern und in richtiger Groß- und Kleinschreibung in dein Heft. Wenn zwei Schreibweisen möglich sind, so schreibe zusammen und setze einen Strich | für die getrennte Variante. Achte auch auf die Satzzeichen.*

1 amfetenabendhabensichtatsächlichalleblickenlas sen.
2 imstehenwurdekuchengegessenundcolagetrunken, wasdiemeistenleichtnahmen,auchwennmancheiner lieberdabeisitzenwollte.
3 bereitsnachkurzerzeitwardasbüfettleergefegt,doch dasfröhlichezusammenseinkonntediesleichtwieder wettmachen.
4 durchdasgemeinsameherumtanzenundschlagersin genhabensichgastgeberundgästenochbesserkennen gelernt.
5 nachdiesempartyerfolgwolltensichalledafürstarkma chen,dassnochvieleaustauschgruppenihreschulebe suchenkommen.

Werte deine Ergebnisse aus, indem du deine Antworten mit dem Lösungsheft abgleichst. Für jede richtige Antwort bekommst du einen Punkt.

 ***28–22 Punkte***
Gut gemacht!

 ***21–14 Punkte***
Gar nicht schlecht. Schau dir die Merkkästen der Seiten 52 bis 55 noch einmal an.

 ***13–0 Punkte***
Arbeite die Seiten 52 bis 55 noch einmal sorgfältig durch.

Die Schreibung von Fremdwörtern

!

Fremdwörter sind aus anderen Sprachen ins Deutsche übernommene Wörter. Man kann sie an ihren **Suffixen** und **Präfixen** erkennen:

- **Nomen** haben oft die Suffixe **-(t)ion, -eur, -age, -ie,** z. B.: „Destruk**tion**", „Akt**eur**", „Cour**age**", „Batter**ie**".
- Bei **Verben** gibt es oft das Suffix **-ieren,** z. B.: „korrig**ieren**", „debatt**ieren**".
- **Adjektive** haben oft das Suffix **-iv** oder **-(i)ell,** z. B.: „konstrukt**iv**", „konzeption**ell**", „virtu**ell**".
- **Präfixe,** wie z. B. **in-, inter-, mono-, uni-, ex-,** verweisen auf ein Fremdwort: „**in**opportun", „**inter**national", „**mono**ton", „**uni**versal", „**ex**klusiv".

Doppelschreibungen bei Fremdwörtern
Manche **Fremdwörter aus dem Allgemeinwortschatz** werden eingedeutscht, d. h. in ihrer Schreibweise dem Deutschen angepasst. Die fremdsprachige Schreibung bleibt oft neben der eingedeutschten bestehen. Durch die **Doppelschreibungen** sollen die Fremdwörter ins Deutsche einbezogen und die Schreibung insgesamt erleichtert werden. Die Entscheidung, welche Variante gewählt wird, ist den Schreibenden überlassen. Weil es keine eindeutige Regelung gibt, für welche Fremdwörter eine eingedeutschte Schreibweise möglich ist, hilft in Zweifelsfällen nur der Blick ins Rechtschreibwörterbuch. **Fremdwörter aus Fachsprachen** werden dagegen nicht eingedeutscht und behalten die typisch fremdsprachlichen Buchstabengruppen bei, z. B. „Job".

Suchspiel

1 *a) Im folgenden Wortgitter sind senkrecht zehn Fremdwörter und waagerecht eines versteckt. Umkreise diese.*
b) Schreibe die Wörter dann auf. Ergänze bei Nomen die Artikel und notiere in Klammern die Bedeutung.

O	I	S	G	E	X	I	V	A	O	X	L
I	N	R	A	X	N	N	N	U	B	F	M
N	T	J	R	P	I	V	K	N	L	O	L
S	R	H	A	O	N	E	B	I	A	R	E
T	I	G	G	S	T	S	N	V	M	M	G
R	G	Z	E	I	E	T	P	E	A	E	A
U	A	B	K	T	R	I	A	R	G	L	T
K	N	J	M	I	V	T	S	S	E	L	I
T	T	M	G	O	I	I	S	A	G	Q	O
I	O	A	E	N	E	O	I	L	Y	R	N
V	N	N	K	C	W	N	V	U	L	T	P
T	I	N	T	E	G	R	A	T	I	O	N

universal (umfassend, weltweit);

2 *Suche die in den Buchstabenfolgen versteckten Fremdwörter.*

	Fremdwort	Bedeutung
MSROOTNIEA		
GTIALLSIEV		
ILIEANZFLN		
IUOFMRN		

3 *Wortschlangen: In den Tabellen sind die Buchstaben horizontal und vertikal mit einer Schlangenlinie (= ununterbrochene Linie) so verbunden, dass entlang dieser Schlangenlinie ein sinnvolles Wort entsteht. Die angrenzenden Felder dürfen nur senkrecht ober-/unterhalb und waagerecht links/rechts liegen.*

1

I	T	**T**
L	X	E
I	E	N

2

E	X	N
L	P	O
O	S	I

3

N	E	E	T
T	V	R	N
I	O	N	**I**

4

S	V	A	G
A	I	T	O
T	N	T	R
Z	**I**	E	R

5

E	I	R
U	S	T
D	N	**I**

6

R	U	–	–
L	T	**M**	O
U	K	O	N

1 *Textilien* 2 ______ 3 ______

4 ______ 5 ______ 6 ______

4 *Streiche die falsch geschriebenen Wörter durch. Präge dir das richtige Schriftbild ein, indem du die Wörter noch einmal richtig in die rechte Spalte schreibst.*
Wenn du unsicher bist, schlage im Wörterbuch nach.

inofficiel	inoffiziell	inofiziell	______
numerieren	numeriren	nummerieren	______
Sabbotage	Sabotage	Sabotasche	______
Kommission	Komission	Kommision	______
aktuel	actuel	aktuell	______
Regiseur	Regisseur	Regissör	______

5 *Ergänze für jedes Fremdwort die eingedeutschte Schreibweise. Stelle diese aus den folgenden Silben zusammen. Schlage im Zweifelsfall im Wörterbuch nach.*

Del | fik | ti | sche | fon | stan | ~~Fo~~ | Jach | ~~gra~~ | Spa | fi | ~~fie~~ | füm

Gra | ~~to~~ | fin | get | ten | ziell | sche | Mi | Sket | Tun | sub | kro | Par

fremdsprachige Schreibung	eingedeutschte Schreibung	fremdsprachige Schreibung	eingedeutschte Schreibung
Photographie	*Fotografie*	Sketche	______
Graphik	______	Thunfische	______
Delphin	______	substantiell	______
Spaghetti	______	Mikrophon	______
Yachten	______	Parfum	______

Wiederholung: Zeichensetzung

TIPP

1. Zwischen Haupt- und Nebensatz **(Satzgefüge** ▷ S. 36, sowie ▷ S. 37, S. 41, S. 45) steht ein Komma. Eingeschobene Nebensätze werden durch paariges Komma eingeschlossen.
2. Bei **Infinitivsätzen** (▷ S. 43) kann das Komma zur Lesefreundlichkeit und zum eindeutigeren Verständnis gesetzt werden.
3. Teilsätze in **Satzreihen** (▷ S. 36) werden durch Komma abgegrenzt. Vor den nebenordnenden Konjunktionen „und" und „oder" kann, vor „denn" muss ein Komma stehen.
4. Ein Komma steht vor den **entgegenstellenden Konjunktionen** „aber", „doch", „jedoch", „sondern".

1 *a) Unterstreiche im folgenden Text die Hauptsätze.*
b) Entscheide, wo Ziffern stehen, ob ein Komma zu setzen ist oder nicht. Schreibe die Nummer der dazugehörenden Regel aus dem Tippkasten in die Randspalte, z. B. R1 für Regel 1.

Friedrich Dürrenmatt

Der Richter und sein Henker (Auszug)

Alphons Clenin (1) der in Twann Polizist war (2) fand (3) am Morgen des dritten November neunzehnhundertachtundvierzig dort (4) wo die Straße von Lamboing (eines der Tessenbergdörfer) aus dem Walde der Twannbachschlucht hervortritt (5) einen blauen Mercedes (6) der am Straßenrande stand. Es herrschte Nebel (7) wie oft in diesem Spätherbst (8) und eigentlich war Clenin am Wagen schon vorbeigegangen (9) als er doch wieder zurückkehrte. Es war ihm nämlich im Vorbeischreiten gewesen (10) nachdem er flüchtig durch die trüben Scheiben des Wagens geblickt hatte (11) als sei der Fahrer auf das Steuer niedergesunken. Er glaubte (12) daß der Mann betrunken sei (13) denn als ordentlicher Mensch (14) kam er auf das Nächstliegende. Er wollte daher dem Fremden nicht amtlich (15) sondern menschlich begegnen. Er trat mit der Absicht ans Automobil (16) den Schlafenden zu wecken (17) ihn nach Twann zu fahren (18) und im Hotel Bären bei schwarzem Kaffee und einer Mehlsuppe nüchtern werden zu lassen. R

1 = R1

2 *Wer Adverbialsätze (▷ S. 37) sicher von adverbialen Bestimmungen unterscheiden kann, vermeidet Kommafehler. Bestimme in den folgenden Satzgefügen die Adverbialsätze und setze ein Komma ein.*

1 Nach einem Blick durch die beschlagenen Scheiben ins Wageninnere erkannte Clenin eine männliche Person in gekrümmter Haltung und öffnete mit großer Behutsamkeit die Wagentür.

2 Nachdem Clenin einen Blick durch die beschlagenen Scheiben ins Wageninnere geworfen hatte erkannte er eine männliche Person. Weil diese in gekrümmter Haltung dasaß öffnete er sehr behutsam die Wagentür.

3 An der aus der Manteltasche ragenden gelben Brieftasche stellte Clenin ohne Mühe die Identität des Toten fest.

4 Da eine gelbe Brieftasche aus der Manteltasche herausragte stellte Clenin ohne Mühe die Identität des Toten fest.

Zeichensetzung bei Zitaten

ARBEITSTECHNIK

Regeln zum richtigen Zitieren

- Wörtlich wiedergegebene Textstellen werden durch Anführungszeichen gekennzeichnet.
- Innerhalb des durch Anführungszeichen gekennzeichneten Zitats darf der Originaltext nicht verändert werden.
- Geringfügige Änderungen, die z. B. durch die Stellung des Zitats im Satz notwendig sein können, werden in eckige Klammern gesetzt: [ ].
- Auslassungen werden durch [...] gekennzeichnet.
- Bei bestimmten Textsorten (z. B. Textanalysen oder Interpretationen) wird hinter dem Zitat in Klammern die Seiten- bzw. auch Zeilenangabe zur Textstelle eingefügt: „..." (Z. xy).
- Zitate sollten sparsam eingesetzt werden – nur dann, wenn es um eine besonders wichtige Aussage, einen prägnanten Ausdruck oder eine auffällige Formulierung des fremden Textes geht.

1 *Die Klasse 9 b fasst für den Roman „Der Richter und sein Henker" von Friedrich Dürrenmatt den Inhalt des Romanbeginns zusammen. Die dafür verwendeten Zitate sind dem Text auf S. 59 entnommen.*
a) Prüfe, ob richtig zitiert wurde. Unterstreiche ggf. vorhandene Zitatfehler.

Clenin glaubt, „dass der Mann betrunken sei" (Z. 9), was ihn zunächst auf eine falsche Fährte lockt.

b) Prüfe, ob die folgenden Zitate die Aussage des Autors angemessen wiedergeben. Notiere ggf. das korrigierte Zitat.

Nach kurzem Zögern steht für ihn fest, dass er dem Fahrer „amtlich" (Z. 10) begegnen will.

Clenin tritt gegen das Auto („Er trat [...] ans Automobil", Z. 11).

---

2 *Markus hat in seiner Analyse des Romanbeginns die „Regeln zum richtigen Zitieren" nicht beachtet. Überarbeite seinen Text und korrigiere die Zeichensetzung.*

VORSICHT! FEHLER!

Der Roman „Der Richter und sein Henker" von Friedrich Dürrenmatt beginnt mit der Darstellung des Dorfpolizisten Clenin, der durch sein amtliches Verhalten (Z. 10) schwere Fehler bei der Tatortsicherung verursacht.
5 Zeit, Ort und Figur einführend beschreibt der Erzähler die Situation, in der der Dorfpolizist Clenin einen Toten in seinem Wagen findet. Der Erzähler charakterisiert Clenin als einen ordentlichen Menschen (S. 5), der an Stelle eines Toten zuerst einen betrunkenen Fahrer vermutet (kam er auf das Nächstliegende, S. 5) und
10 nicht amtlich, sondern menschlich (S. 5) handelt, indem er den vermeintlich betrunkenen Fahrer zur Ausnüchterung in die Stadt fahren möchte. Clenin möchte also dem Fahrer helfen, obwohl eine Anzeige oder Festnahme angemessen und korrekt wäre. Der Erzähler hebt Clenins menschliche Teilnahmsfähigkeit hervor.

Teste dich! – Fremdwörter und Zeichensetzung

1 *Kreuze die richtige/n Schreibweise/n der folgenden Fremdwörter an.*

1	☐ Biographie	☐ Biography	☐ Biografi	☐ Biografie
2	☐ Kurage	☐ Courage	☐ Kourache	☐ Curage
3	☐ Frisör	☐ Frisöhr	☐ Friseur	☐ Frieseur
4	☐ suffliieren	☐ suflieren	☐ soufflieren	☐ souffliren
5	☐ potentsiell	☐ potentiell	☐ potenziell	☐ potensiell

2 *Notiere die Regeln zur Zeichensetzung bei den folgenden Sätzen.*

1 Da die Schreibweise von Fremdwörtern manchen Menschen nicht vertraut ist, werden viele Fehler gemacht.

2 Man muss hier jedoch keineswegs raten, sondern kann gezielt nachschlagen.

3 Sich mit Fremdwörtern auszukennen(,) kann bei Klassenarbeiten im Fach Deutsch helfen.

3 *Unterstreiche die Fehler im Zitat.*

Johann Wolfgang Goethe

Mephisto über Worte

(Auszug aus dem Drama „Faust")

Denn eben wo Begriffe fehlen,
Da stellt ein Wort zu rechten Zeit sich ein.
Mit Worten lässt sich trefflich streiten,
Mit Worten ein System bestreiten,
5 An Worte lässt sich trefflich glauben,
Von einem Wort lässt sich kein Jota[1] rauben.

1 **kein Jota:** nicht das Geringste

Faust (Will Quadflieg) und Mephisto (Gustaf Gründgens), 1950er-Jahre

Goethe legt Mephisto im Drama „Faust" eine philosophische Definition über die Kraft des Wortes in den Mund. „Worte", so Mephisto, „ersetzen Begriffe" (V. 2). Mit Worten könne man streiten (V. 3), ein System bestreiten (V. 4), glauben (V. 5) und alles klar ausdrücken (V. 6).

Werte deine Ergebnisse aus, indem du deine Antworten mit dem Lösungsheft abgleichst.
Für jede richtige Antwort bekommst du einen Punkt.

16–12 Punkte
Gut gemacht!

11–8 Punkte
Gar nicht schlecht. Schau dir die Merkkästen der Seiten 57 bis 60 noch einmal an.

7–0 Punkte
Arbeite die Seiten 57 bis 60 noch einmal sorgfältig durch.

Texte überarbeiten

1 *Lies den Auszug aus einem Praktikumsbericht aufmerksam durch.*

Kritische Zusammenfassung der Praktikumserfahrungen

Berufskleidung und Freizeitkleidung unterscheidet sich – und das ist gut so. Zu dieser Meinung bin ich durch mein Berufspraktikum in einer Bankfiliale gekommen. Schon für das Bewerbungsgespräch um den Praktikumsplatz hatten meine Eltern mir geraten, statt der Hängehose (so nennt meine Mutter meine Lieblingshose die immer so aussieht als rutscht sie mir gleich über den Hintern) eine normale Jeans, und dazu ein Hemd anzuziehen. Und das sollte dann auch während den Praktikumswochen meine tägliche Kleidung bleiben. Ich habe mir dann sogar noch eine Stoffhose und ein Sakko gekauft (was meine Freundin und meine Clique allerdings heftig begrinst haben). Das ich mit dieser Umstellung auf andere Klamotten irgendwie keine Probleme hatte sondern sie sogar nach kurzer Zeit völlig in Ordnung fand hat folgende Gründe. Erstens in einer Bank laufen alle Angestellten so rum, also, ziemlich gut gekleidet, vielleicht ein bisschen spiessig irgendwie aber voll korrekt. Wenn ich mich in der Bank so anziehen würde, wie in der Schule, komme ich mir dann als Aussenseiter vor, weil, keiner würde dann meinen, dass ich auch in der Bank arbeite, sondern alle denken dann ich wäre nur irgendwie so da, ein Kunde eben. Also zweitens, wenn du die richtigen Sachen anhast, fühlst du dich auch gleich besser, irgendwie wichtiger, auch selbstbewußter, weil, du wirst anerkannt und man begegnet dir mit einem gewissen Respekt. Und dann noch wegen dem Feierabend. Es war irgendwie echt eine gute Erfahrung, das man so einen echten Wechsel zwischen zwei Welten hat. Über Tag das arbeiten in der Bank, und dann Nachmittags das heim kommen, man zieht sich um und entspannt, Freizeit eben. Es ist ein bisschen so, wie zwei Leben, in dem Einen bist du ganz du selbst, in dem Anderen übernimmst du mehr eine Rolle für die du dich gewisser Weise „verkleidest". Ich habe nach dem Praktikum überlegt, ob dass mit der Schule nicht auch so geht, aber

das ist irgendwie anders. Hier geht man eben doch lockerer hin. Aber ich werde später sicher

keine Probleme damit haben, wenn mein Beruf eine spezielle Kleidung erfordert.

Sicherlich sind dir gleich beim ersten Lesen viele Fehler oder auch stilistische Mängel aufgefallen. Die folgenden Aufgaben helfen dir, den Text **Schritt für Schritt zu verbessern.**

2 *Markiere alle Rechtschreibfehler, indem du sie rot unterstreichst und an den Rand ein rotes R schreibst. Berichtige die falsch geschriebenen Wörter unter der jeweiligen Zeile.*

3 *Überprüfe und korrigiere die Stellung der Satzglieder in folgenden Zitaten. Achte auf Kommas und schreibe sie umformuliert in dein Heft.*
„Erstens in einer Bank laufen alle Angestellten so rum […]"
„Wenn ich mich in der Bank so anziehen würde, wie in der Schule, komme ich mir dann als Aussenseiter vor, weil, keiner würde dann meinen, dass ich auch in der Bank arbeite, […]"
„[…] wenn du die richtigen Sachen anhast, fühlst du dich auch gleich besser, […] weil, du wirst anerkannt und man begegnet dir mit einem gewissen Respekt […]."

4 *Markiere weitere grammatische Fehler im Text auf S. 62, indem du sie grün unterstreichst, ein grünes Gr an den Rand schreibst und den Fehler unter der Zeile berichtigst.*

TIPP

Achte bei der Überarbeitung auf **grammatische Fehlerquellen:**
- ☐ Singular oder Plural bei Verben?
- ☐ Dativ oder Genitiv bei präpositionalen Ausdrücken?
- ☐ Konjunktiv oder Indikativ?

5 *a) Überprüfe die Zeichensetzung im Text. Verwende einen blauen Stift. Markiere alle Änderungen bei der Zeichensetzung mit einem blauen Z am Rand:*
Trage fehlende Kommas ein. Streiche überflüssige Kommas weg.
b) Ersetze den Punkt als Satzschlusszeichen durch ein Ausrufezeichen oder einen Doppelpunkt, wo diese Zeichen der Satzaussage bzw. Satzverknüpfung besser entsprechen.

6 *a) Markiere mit einem gelben Textmarker alle umgangssprachlichen Ausdrücke und notiere in der Zeile darunter einen angemesseneren Begriff.*
b) Umkreise die Wörter „dann" und „irgendwie". Bewerte deren Verwendung.

c) Streiche weitere überflüssige Füllwörter aus dem Text.

7 *Im Text lassen sich Sinnabschnitte (z. B. Einleitung, Hauptteil, Schluss) voneinander abgrenzen: Füge an den entsprechenden Stellen ein Absatzzeichen | ein.*

8 *a) Schreibe den Text noch einmal mit allen in den Aufgaben 2–7 erarbeiteten Korrekturen ab (wenn möglich, am PC). Achte darauf, beim Schreiben keine neuen Fehler zu machen.*
b) Lies den abgeschriebenen Text dazu noch einmal sehr konzentriert und überarbeite ihn, falls nötig.

Sachtexte erschließen

ARBEITSTECHNIK

Wenn du einen Sachtext, wie z. B. einen Zeitungsartikel, verstehen willst, kannst du ihn mit folgender **Lesetechnik** erschließen:

- Erfasse beim **ersten Überfliegen** das Thema des Textes (Worum geht es?).
  Achte dabei neben dem **Inhalt** auch auf den **Aufbau** und **besondere Gestaltungselemente,** wie z. B. Überschriften, Absätze, Abbildungen und Grafiken.
  Notiere dir abschließend in Stichworten, welches **Vorwissen** du selbst zu dem Thema hast (Was fällt mir zu dem Thema ein?); das erleichtert das Verständnis beim gründlichen Lesen.
- Lies nun den Text **intensiv Schritt für Schritt.** Markiere dabei mit verschiedenen Stiften alles, was dir wichtig erscheint, aber auch das, was du nicht sofort verstehst:
  Stelle Fragen an den Text. Kläre **unbekannte Wörter** und **Fachbegriffe.**
- Gliedere den Text in **Sinnabschnitte** (Wo beginnt ein neuer Gedanke?) und bilde **Überschriften.**
- Markiere **Schlüsselwörter,** also wichtige Begriffe in jedem Sinnabschnitt.
  Hilfreich ist auch, wenn du eine **bildliche Vorstellung der Hauptaussagen** entwickelst, so festigst du die Gedanken besser (Visualisierung: Welches Bild verbinde ich mit einer Aussage?).
- Ebenso hilfreich ist, die wichtigen Inhalte des Textes **knapp und verständlich zu paraphrasieren** (in eigenen Worten zusammenzufassen).

Erstes Textverständnis

1 *Der folgende Text informiert über eine Studie der Bertelsmann-Stiftung. Lies ihn zügig und verschaffe dir einen ersten Überblick über Thema, Inhalt und Aufbau.*

Jugendliche – von Erwachsenen beurteilt

In einer Presseerklärung wurden am heutigen Montag (23. Juli 2007) die Ergebnisse der von der Bertelsmann-Stiftung durchgeführten Umfrage der Öffentlichkeit mitgeteilt. Auch wenn die Ergebnisse eine positive Sichtweise der Erwachsenen auf Jugendliche nahelegen, offenbaren die den Jugendlichen zugeschriebenen Eigenschaften eine eher skeptische Sicht auf Jugendliche. [...]
5 In der repräsentativen Befragung unter 1000 Erwachsenen (älter als 34 Jahre) geben die Erwachsenen mit großer Mehrheit an, Jugendliche sympathisch zu finden (92,2 Prozent) und ihre Ansichten ernst zu nehmen (91,5 Prozent). Mit der Lebensführung der jungen Generation sind sie hingegen nicht einverstanden. So sind sie der Auffassung, dass Jugendliche übermäßig viel Alkohol trinken (70,5 Prozent) und fremdes Eigentum nicht respektieren (61,1 Prozent). Als weitere nega-
10 tive Eigenschaften werden genannt: Gewaltbereitschaft (57,7 Prozent), Konsum illegaler Drogen (57,7 Prozent) und Neigung zu Vandalismus (57,2 Prozent). Bei der Bewertung von Eigenschaften rangieren „konsumorientiert" (91 Prozent) und „nur auf persönlichen Vorteil aus" (64 Prozent) im oberen Drittel. Zwischen diesen eher negativen Merkmalen liegt die „Kreativität" (75 Prozent). Es folgen „Toleranz" (60 Prozent), „Fleiß und Ehrgeiz" (53 Prozent), „soziales Engagement" (44 Pro-
15 zent), „Pflichtbewusstsein" (43 Prozent) und „Familienorientierung" (36 Prozent).
Fragt man die Erwachsenen, wie sie diese Eigenschaften bei sich selbst bewerten, so ergibt sich ein deutlich positiveres Bild von der eigenen als von der jüngeren Generation. Eine besonders hohe Kompetenz besitzen Jugendliche aus der Sicht der Erwachsenen in technischen Fragestellungen (90 Prozent). Eine deutliche Mehrheit gibt an, dass Jugendliche gut mit anderen Menschen umge-
20 hen können (73 Prozent). Finanzielle Kompetenz wird den Jugendlichen dagegen von mehr als zwei Dritteln der Erwachsenen abgesprochen. Ein ähnlich negativer Befund zeigt sich bei politischer Kompetenz und bei Kompetenzen, die das gesellschaftliche Engagement von Jugendlichen betreffen.
Zwar finden 93 Prozent der Erwachsenen das gesellschaftliche Engagement von Jugendlichen
25 wichtig, die Einschätzung des tatsächlichen Engagements ist aber eher niedrig. 67 Prozent der Befragten sehen hier ein Defizit. Insgesamt sind die Erwachsenen also in einer deutlichen Mehr-

Wer? Was?

Wann?

Widerspruch?

heit der Auffassung, dass sich Jugendliche zu wenig für gesellschaftliche Belange engagieren. Während die Erwachsenen den Jugendlichen im familiären Bereich ein relativ hohes Mitspracherecht zubilligen, gilt das nicht für den öffentlichen Bereich. So lehnen über 70 Prozent der Befragten ein
30 Wahlrecht ab 16 Jahren ab. Noch deutlicher ist das Votum gegen einen Erwerb des Führerscheins ab 16 Jahren: Dafür sprechen sich lediglich 15 Prozent der Erwachsenen aus.

Den Text intensiv lesen

2 *Bearbeite den Text. Gehe dabei vor, wie im ersten Absatz vorgegeben:*
a) Markiere Schlüsselwörter (Begriffe oder Textstellen) und Fachbegriffe,
b) kennzeichne mit bestimmten symbolischen Zeichen (?, !, +) Textstellen, die dir wichtig erscheinen bzw. noch unklar sind, und
c) nutze die Randspalte für Notizen, Fragen und Überschriften.

Schwierige Wörter und Sätze verstehen

3 *a) Unterstreiche im Text Fremdwörter, deren Bedeutung dir unbekannt ist (die Nomen mit ihren Artikeln).*
b) Notiere sie mit Zeilenangabe und ergänze ihre Bedeutung. Versuche zunächst, den Sinn aus dem Textzusammenhang zu erschließen. Gelingt dies nicht, schlage in einem Wörterbuch nach, z. B. einem Fremdwörterbuch.

skeptisch (Z. 4) = misstrauisch, kühl abwägend;

4 *Was bedeuten die folgenden Sätze? Kreuze die richtige Bedeutung an.*

Satz 1: Zwar finden 93 Prozent der Erwachsenen das gesellschaftliche Engagement von Jugendlichen wichtig, die Einschätzung des tatsächlichen Engagements ist aber eher niedrig. 67 Prozent der Befragten sehen hier ein Defizit. (Z. 24 ff.)

☐ **A** Die Mehrheit der Erwachsenen kritisiert das geringe gesellschaftliche Engagement von Jugendlichen.
☐ **B** Die Mehrheit der Erwachsenen freut sich über das Engagement der Jugendlichen.
☐ **C** Das gesellschaftliche Engagement der Jugendlichen ist tatsächlich sehr niedrig.
☐ **D** Eine Minderheit der Erwachsenen sieht im geringen Engagement der Jugendlichen kein Defizit.
☐ **E** Viele Jugendliche schätzen nach Mehrheit der Erwachsenen das gesellschaftliche Engagement als wichtig ein.

Satz 2: Zwischen diesen eher negativen Merkmalen liegt die „Kreativität" (75 Prozent). Es folgen „Toleranz" (60 Prozent), „Fleiß und Ehrgeiz" (53 Prozent), „soziales Engagement" (44 Prozent), „Pflichtbewusstsein" (43 Prozent) und „Familienorientierung" (36 Prozent). (Z. 13 ff.)

☐ **A** Die meisten Erwachsenen sprechen den Jugendlichen Kreativität zu.
☐ **B** Die Erwachsenen kritisieren die fehlende Familienorientierung der Jugendlichen.
☐ **C** Das Merkmal „Familienorientierung" wird negativer als das Merkmal „Kreativität" beurteilt.
☐ **D** Nach Ansicht der Erwachsenen ist das „soziale Engagement" bei Jugendlichen stärker ausgeprägt als die „Familienorientierung".
☐ **E** Eine Mehrheit der Erwachsenen kritisiert das fehlende Pflichtbewusstsein stärker als die geringe Toleranz.

Satz 3: Als weitere negative Eigenschaften werden genannt: Gewaltbereitschaft (57,7 Prozent), Konsum illegaler Drogen (57,7 Prozent) und Neigung zu Vandalismus (57,2 Prozent). Bei der Bewertung von Eigenschaften rangieren „konsumorientiert“ (91 Prozent) und „nur auf persönlichen Vorteil aus“ (64 Prozent) im oberen Drittel. (Z. 9 ff.)

- ☐ A Das Merkmal „Konsumorientierung“ wird von Erwachsenen höher bewertet als „Gewalt“.
- ☐ B Das Merkmal „Konsumorientierung der Jugendlichen“ wird von Erwachsenen häufiger wahrgenommen als das Merkmal „Gewalt“.
- ☐ C Das Merkmal „Gewalt“ wird von Erwachsenen sehr stark wahrgenommen, während die „Konsumorientierung“ lediglich im oberen Drittel rangiert.

Den Sinn des Textes verstehen: Gliedern und zusammenfassen

5 *Halte die wichtigsten Informationen in einer Mind-Map fest, in der du Ober- und Unterbegriffe zum Thema als Äste und Verästelungen darstellst. Greife dazu auf die markierten Schlüsselwörter zurück (Aufgabe 2a).*

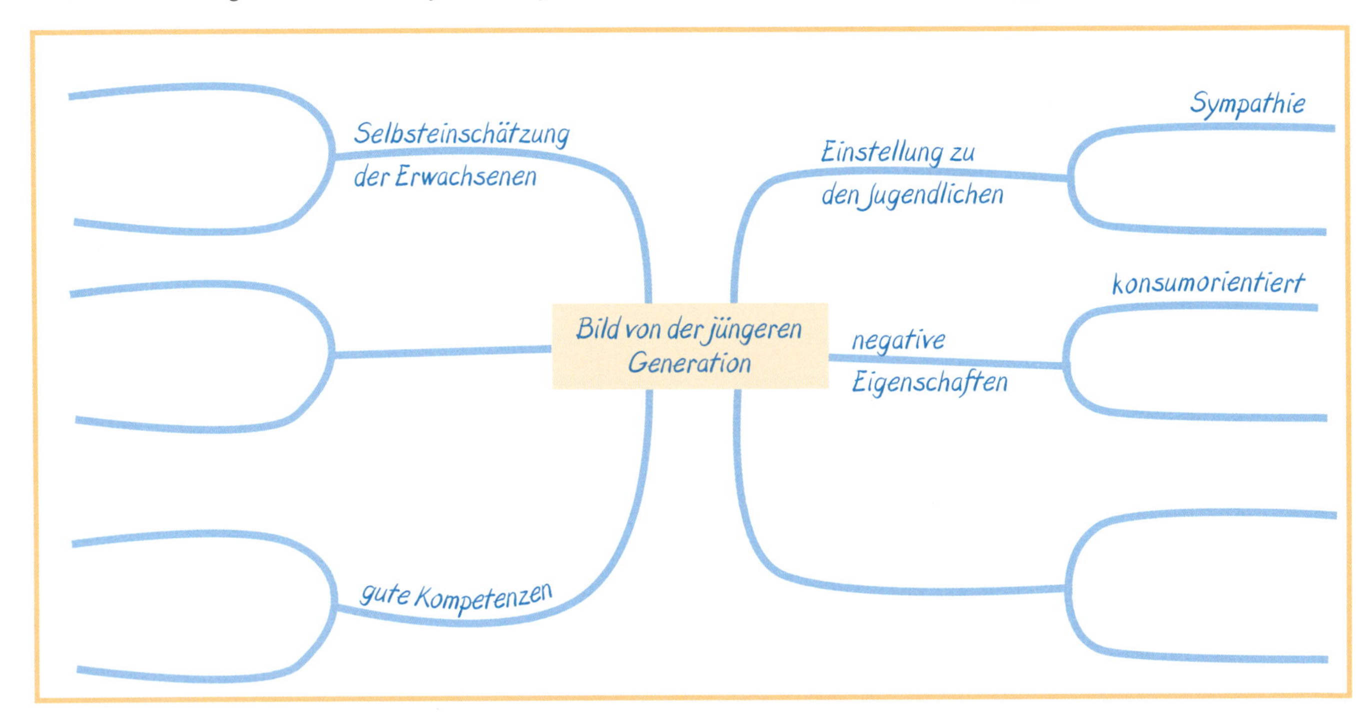

6 *a) Gliedere den Text in Sinnabschnitte.*
b) Fasse in Stichworten im Heft deren Inhalte zusammen.

Z. 1-4: Einleitung ...

7 *Welche Schlagzeile passt zur zentralen Aussage des Textes? Kreuze an.*

- ☐ A Erwachsene finden Jugendliche sympathisch
- ☐ B Schlechtes Image von Jugendlichen
- ☐ C Trotz Sympathie verständnislos
- ☐ D Erwachsene schätzen die Jugend
- ☐ E Lebensstil Jugendlicher zunehmend kritisch

8 *Fasse die Textinhalte für deine Mitschülerinnen und Mitschüler paraphrasierend zusammen.*

Diagramme lesen und verstehen

ARBEITSTECHNIK

Diagramme stellen **Mengen- oder Größenverhältnisse** dar und veranschaulichen so die Aussagen informativer Texte. Man muss Diagramme in einen Text „übersetzen".
Um Diagramme zu verstehen, liest man zunächst die Überschrift sorgfältig und klärt anschließend folgende Fragen:

- Zu welchem Thema macht die Statistik eine Aussage?
- Welche Aspekte werden miteinander in Beziehung gesetzt? Wird die Erhebungsmethode erläutert? Wie groß war die Zahl der Stichproben?
- Für welche Zeit, welchen Bereich, welche Personengruppe gilt die Statistik?
- Werden Quellen angegeben? Welche?
- Finden sich Fußnoten zu einzelnen Werten? Werden Prozentzahlen oder absolute Zahlen angegeben? Zu welchen Sachverhalten werden ggf. Angaben auf der x-Achse, zu welchen Angaben auf der y-Achse gemacht?

9 *a) Lies das folgende Balkendiagramm.*

Ist der Lebensstil der Jugend heute bedenklicher als früher?

35,2 % — 100 %
Die Jugend heute ist gewaltbereiter.

24,4 %
Nein, die ältere Generation schimpft immer über Jugendliche.

22,8 %
Die Jugend von heute ist konsumorientierter als früher.

17,6 %
Die Jugend hat heute mehr Probleme mit Alkohol und Drogen.

Stimmen total: 307 Erwachsene
Quelle: Newsline-Umfrage, Westdeutsche Zeitung v. 31. Juli 2007

b) Lege zu jedem einzelnen Wert ein Kreisdiagramm an. Arbeite mit Annäherungswerten.

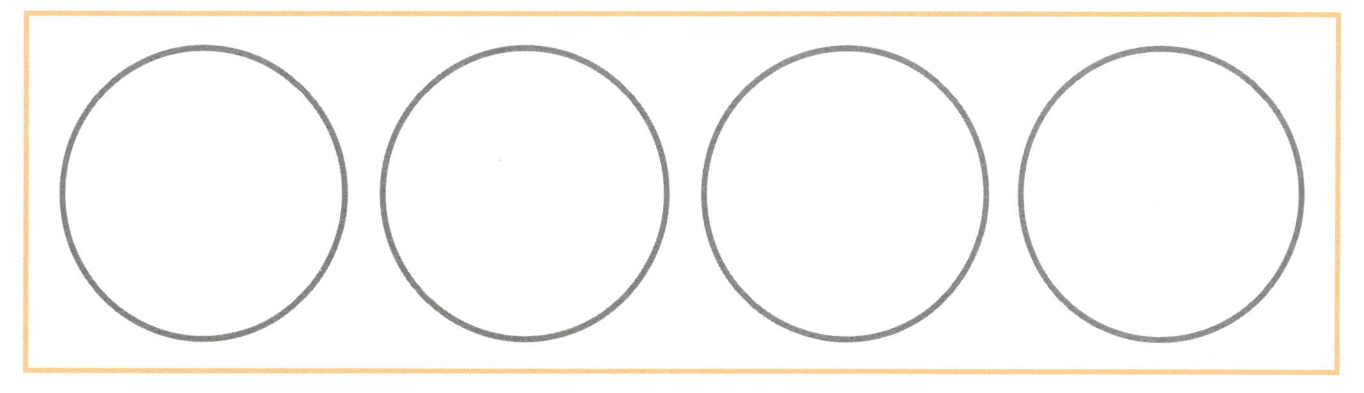

c) Fasse die Tendenzaussage der Befragung in einem Satz zusammen.

10 *Markiere die Schlüsselwörter in der Beschriftung des Balkendiagramms.*

Beziehungen zwischen Informationsmaterialien herstellen

ARBEITSTECHNIK

Beim Vergleich von Materialien musst du sie auf **Gemeinsamkeiten** und **Unterschiede** hin prüfen. Die markierten Schlüsselwörter geben hier eine gute Orientierung.
Kläre die Verbindungen zwischen Text und Grafik:
- ☐ Ergänzen sich Text und Grafik?
- ☐ Werden Informationslücken geschlossen?
- ☐ Werden Informationen vertieft oder einzelne Aspekte anschaulicher?

11 *a) Ergänze die Mind-Map auf S. 66 um zusätzliche Untersuchungsinhalte, die die Grafik darstellt.*
b) Notiere Übereinstimmungen oder Abweichungen zwischen Text und Grafik.

12 *Die Angaben im Text und im Diagramm lassen sich nur bedingt vergleichen. Begründe.*

13 *Schreibe auf der Basis aller vorhergehenden Aussagen einen zusammenhängenden Text, der die Informationen aus beiden Materialien verbindet und kurz zusammenfasst. Achte darauf, dass du die Tendenz der Materialien richtig wiedergibst.*

Teste dich! – Sachtexte erschließen

Experten befragten Anfang des Jahres 2006 mehr als 2500 Jugendliche im Alter von 12 bis 25 Jahren nach ihren Gewohnheiten, Haltungen und Ansichten. Diese Befragung wird regelmäßig durchgeführt. Informationen findest du unter www.shell.com, weiter unter „Umwelt & Gesellschaft".

Shell-Jugendstudie

Engagement für andere weiterhin auf hohem Niveau

Der Einsatz für gesellschaftliche Angelegenheiten und für andere Menschen gehört für Jugendliche heute, trotz des geringen Interesses an Politik, ganz selbstverständlich zum persönlichen Lebensstil dazu. Jugendliche engagieren sich in ihrer Freizeit für die unterschiedlichsten Dinge. Dominierend sind jugendbezogene Fragestellungen, wie etwa der Einsatz für die Interessen von Jugendlichen oder auch für bessere Möglichkeiten einer sinnvollen Freizeitgestaltung. Hinzu kommen Aktivitäten für sozial schwache oder benachteiligte Menschen, für ein besseres Zusammenleben oder auch Sicherheit und Ordnung im Wohngebiet oder für sonstige konkrete Fragestellungen. Übergreifende Ziele oder der Einsatz für unmittelbare gesellschaftspolitische Veränderungen sind für jugendliche Aktivitäten nicht typisch. Der Schwerpunkt liegt eindeutig in der jugendlichen Lebenssphäre sowie beim Einsatz für konkrete bedürftige Zielgruppen. Alles in allem 33 Prozent der Jugendlichen geben an, „oft", und weitere 42 Prozent, „gelegentlich" für soziale oder gesellschaftliche Zwecke in ihrer Freizeit aktiv zu sein. Das Niveau ist damit vergleichbar hoch wie schon im Jahr 2002 ausgeprägt. Typische Räume für Aktivitäten stellen die Vereine sowie die Schulen und Hochschulen dar. Vor allem in diesen Bereichen findet die Breite der Jugendlichen am ehesten Möglichkeiten, aktiv zu werden. Hinzu kommen Kirchengemeinden oder Jugendorganisationen, in denen ein bestimmter Teil aktiv ist. Selbst organisierte Projekte bilden vor allem für höher gebildete Jugendliche ein nicht unwichtiges Feld. Nicht unterschätzt werden sollten aber auch Bereiche wie die Rettungsdienste oder die Freiwillige Feuerwehr, die häufig für Jugendliche aus weniger privilegierten Milieus Zugangswege für gesellschaftlich relevante Aktivitäten schaffen. Klassische politische Organisationen, wie zum Beispiel Parteien oder Gewerkschaften, spielen hingegen, genauso wie auch Bürgerinitiativen oder Institutionen wie Greenpeace, Amnesty International oder andere Hilfsorganisationen, quantitativ eine untergeordnete Rolle.

1 *Worum geht es in dem Sachtext? Kreuze das richtige Thema an.*

☐ **A** Große Wertschätzung gesellschaftlichen Engagements bei Jugendlichen

☐ **B** Jugendliches Engagement in niveauvollen Bereichen

2 *Hast du den Text verstanden? Kreuze die richtige Antwort an.*

☐ **A** 33 Prozent der Jugendlichen interessieren sich für parteipolitische Aktivitäten.

☐ **B** Selbst organisierte Projekte sind für Jugendliche eher unwichtig.

☐ **C** 75 Prozent der Jugendlichen engagieren sich in sozialen und gesellschaftlichen Bereichen.

3 *Bestimme die richtige Reihenfolge der folgenden Überschriften zu den Sinnabschnitten. Nummeriere.*

☐ **A** Rolle politischer Organisationen

☐ **B** Aktivitätsarten des jugendlichen Engagements

☐ **C** Aktivitätsräume und -bereiche

☐ **D** Statistische Belege des jugendlichen Engagements

☐ **E** Selbstverständnis des gesellschaftlichen Engagements bei Jugendlichen

Werte deine Ergebnisse aus, indem du deine Antworten mit dem Lösungsheft abgleichst.
Für jede richtige Antwort bekommst du einen Punkt.

7–5 Punkte	4–3 Punkte	2–0 Punkte
Gut gemacht!	*Gar nicht schlecht. Schau dir die Merkkästen der Seiten 64 bis 68 noch einmal an.*	*Arbeite die Seiten 64 bis 68 noch einmal sorgfältig durch.*

Erzähltexte erschließen

Um einen Erzähltext zu erschließen, muss man zunächst ein **genaues Verständnis** von den inhaltlichen Zusammenhängen gewinnen.

Wolf Wondratschek

Mittagspause (1969)

Sie sitzt im Straßencafé. Sie schlägt sofort die Beine übereinander. Sie hat wenig Zeit.
Sie blättert in einem Modejournal. Die Eltern wissen, dass sie schön ist. Sie sehen es nicht gern.
5 Zum Beispiel. Sie hat Freunde. Trotzdem sagt sie nicht, das ist mein bester Freund, wenn sie zu Hause einen Freund vorstellt.
Zum Beispiel. Die Männer lachen und schauen herüber und stellen sich ihr Gesicht ohne Sonnenbrille vor.
10 Das Straßencafé ist überfüllt. Sie weiß genau, was sie will. Auch am Nebentisch sitzt ein Mädchen mit Beinen.
Sie hasst Lippenstift. Sie bestellt einen Kaffee. Manchmal denkt sie an Filme und denkt an Liebesfilme. Alles
15 muss schnell gehen.
Freitags reicht die Zeit, um einen Cognac zum Kaffee zu bestellen. Aber freitags regnet es oft.
Mit einer Sonnenbrille ist es einfacher, nicht rot zu werden. Mit Zigaretten wäre es noch einfacher. Sie bedauert,
20 dass sie keine Lungenzüge kann.
Die Mittagspause ist ein Spielzeug. Wenn sie nicht angesprochen wird, stellt sie sich vor, wie es wäre, wenn sie ein Mann ansprechen würde. Sie würde lachen. Sie würde eine ausweichende Antwort geben. Vielleicht würde
25 sie sagen, dass der Stuhl neben ihr besetzt sei. Gestern wurde sie angesprochen.
Gestern war der Stuhl frei. Gestern war sie froh, dass in der Mittagspause alles sehr schnell geht.
Beim Abendessen sprechen die Eltern davon, dass sie
30 einmal jung waren. Vater sagt, er meine es nur gut. Mutter sagt sogar, sie habe eigentlich Angst. Sie antwortet, die Mittagspause ist ungefährlich.
Sie hat mittlerweile gelernt, sich nicht zu entscheiden. Sie ist ein Mädchen wie andere Mädchen. Sie beantwortet eine Frage mit einer Frage. 35
Obwohl sie regelmäßig im Straßencafé sitzt, ist die Mittagspause anstrengender als Briefeschreiben. Sie wird von allen Seiten beobachtet. Sie spürt sofort, dass sie Hände hat.
Der Rock ist nicht zu übersehen. Hauptsache, sie ist 40 pünktlich.
Im Straßencafé gibt es keine Betrunkenen. Sie spielt mit der Handtasche. Sie kauft jetzt keine Zeitung.
Es ist schön, dass in jeder Mittagspause eine Katastrophe passieren könnte. Sie könnte sich sehr verspäten. Sie 45 könnte sich sehr verlieben. Wenn keine Bedienung kommt, geht sie hinein und bezahlt den Kaffee an der Theke.
An der Schreibmaschine hat sie viel Zeit, an Katastrophen zu denken. Katastrophe ist ihr Lieblingswort. 50 Ohne das Lieblingswort wäre die Mittagspause langweilig.

1 *Lies die Kurzgeschichte „Mittagspause" von Wondratschek zweimal aufmerksam durch und unterstreiche beim zweiten Lesen Schlüsselwörter.*

2 *Notiere deinen ersten Leseeindruck in deinem Heft: Halte vorläufig fest, worum es in der Geschichte geht.*

3 *Im Text ist davon die Rede, dass die junge Frau von einer „Katastrophe" träumt. Was versteht sie darunter? Lies die Zeilen 44–52 erneut. Kreuze die zutreffenden Antworten an.*

- ☐ **A** Die junge Frau fürchtet sich vor einer peinlichen Situation.
- ☐ **B** Obwohl sie Angst hat, hofft sie darauf, sich in einen Mann zu verlieben.
- ☐ **C** Sie wartet darauf, dass ihre alltägliche Langeweile durchbrochen wird.
- ☐ **D** Sie will nicht, dass sie im Straßencafé von einem Mann angesprochen wird.

4 *a) Gliedere den Text in Sinnabschnitte.*
b) Fasse den Inhalt der Sinnabschnitte als Satz oder als Überschrift zusammen. Schreibe im Präsens und arbeite in deinem Heft.

Z. 1–20 Die junge Frau wartet täglich in einem Straßencafé darauf, von einem Mann angesprochen zu werden.

!

Erzählform und Erzählperspektive
Die Autorin oder der Autor einer Erzählung entscheidet sich für eine Erzählform und eine Erzählperspektive.

Erzählformen:
- die **Er-/Sie -Erzählung** und
- die **Ich-Erzählung,** bei der das Erzählte sehr unmittelbar wirkt, denn der Ich-Erzähler erscheint gleichzeitig als erlebende und erzählende Figur und lässt so die Leser/innen an seinen persönlichen Erfahrungen teilhaben.

Erzählperspektive:
- **auktorial:** Ein allwissender Erzähler erzählt aus einer größeren Distanz heraus. Die auktoriale Erzählperspektive erlaubt es, sowohl die Gefühlswelt der Figuren (Wiedergabe von deren Gedanken, Gefühlen und Eindrücken) als auch die äußere Handlung darzustellen. Der Erzähler greift kommentierend und wertend in das Geschehen ein. Er kann auch zurückschauen oder vorausblicken.
- **personal:** Der Erzähler übernimmt die Sicht einer Figur oder erzählt wechselnd aus der Sicht mehrerer Figuren. Gedanken und Gefühle der Figur(en) werden beim personalen Erzählen aus der **Innenperspektive,** oft in Form des **inneren Monologs,** wiedergegeben.
- **neutral:** Ein neutraler Erzähler beschreibt Fakten und Vorgänge sachlich. Die Figuren kommen durch Wiedergabe ihrer Gedanken, Selbstgespräche oder Dialoge selbst zu Wort.

5 *a) Analysiere Erzählform und -perspektive der Kurzgeschichte „Mittagspause" und kreuze zutreffende Aussagen an.*
b) Beschreibe die Wirkung der hier vorliegenden Erzählperspektive. Schreibe in dein Heft.

- ☐ Die persönliche Sichtweise der jungen Frau wird aus der Ich-Erzählperspektive wiedergegeben.
- ☐ Die Gedanken und Gefühle des Mädchens werden teilweise aus der personalen Erzählperspektive wiedergegeben.
- ☐ Der auktoriale Erzähler beleuchtet die Innen- und Außensicht der jungen Frau und beurteilt stellenweise ihren Charakter.
- ☐ Ein neutraler Erzähler gibt das Geschehen wieder.

Inhaltsangabe
Eine Inhaltsangabe fasst mit eigenen Worten einen Text knapp und sachlich zusammen.
Gliedere deine Inhaltsangabe wie folgt:
- Nach Nennung von Autor oder Autorin, des Titels und der Textsorte wird **einleitend** das Thema formuliert und in einem Satz zusammengefasst, worum es im Text geht.
- Im **Hauptteil** folgen Informationen über die zentralen Figuren und deren Handlungsmotive, den Ort und die Zeit der Handlung und eine kurze Zusammenfassung der Handlungsschritte des Textes.
- Bei einer erweiterten oder interpretierenden Inhaltsangabe wird noch ein **Schlussabschnitt** angefügt, in dem man auf offene Fragen und Probleme des Textes eingehen und seine eigene Meinung äußern kann.

Das **Tempus** der Inhaltsangabe ist das Präsens und bei Vorzeitigkeit das Perfekt.
Direkte Rede wird in **indirekte Rede** umgewandelt.

6 *Bereite eine Inhaltsangabe der Kurzgeschichte vor, indem du dir in deinem Heft Stichworte zu den einzelnen Schritten des Handlungsverlaufs machst. Orientiere dich an deiner Gliederung in Sinnabschnitte (Aufgabe 4).*

7 *a) Die folgenden Einleitungssätze für eine Inhaltsangabe sind nicht gelungen. Überprüfe sie mit Hilfe der Tipps im Merkkasten und schreibe in Stichworten auf, was verbessert werden könnte. Achte hierbei besonders darauf, dass du das Thema präzise benennst.*

A *In der Kurzgeschichte „Mittagspause" geht es um eine junge Frau, die ihren Beruf ungern ausübt und die sich in der Mittagspause in ein Straßencafé flüchtet.*

B *In dem Text von Wondratschek aus dem Jahre 1969 geht es um Sorgen, die sich Eltern um ihre heranwachsende berufstätige Tochter machen.*

C *Die Geschichte „Mittagspause" handelt von einer jungen berufstätigen Frau, die sich in der Öffentlichkeit in Szene setzt und sich etwas beweisen möchte.*

D *In der Kurzgeschichte „Mittagspause" aus dem Jahr 1969 geht es um die gestörte Beziehung zwischen Eltern und ihrer heranwachsenden Tochter.*

b) Formuliere nun selbst einen Einleitungssatz, der alle notwendigen Informationen enthält. Schreibe in dein Heft.

Figurencharakteristik
Eine literarische Figur zu charakterisieren bedeutet, sie genau zu beschreiben. Dabei geht man von zentralen Textstellen aus, in denen **wichtige Eigenschaften der Figur** zum Ausdruck kommen. Lebensweisen, Handlungsmuster und Äußerungen der Figur, die auf ihren Charakter hindeuten, können
- **direkt** über beschriebene Handlungsmuster oder
- **indirekt** aus Wahrnehmungen und Äußerungen anderer Figuren abgeleitet werden.

Das Bild einer literarischen Figur entsteht auch durch den Erzähler, der die Figur beschreibt und in Kommentaren bewertet.

8 *a) Markiere im Text alle Informationen, die du über die junge Frau erhältst.*
b) Beurteile die Informationen: Zeigen sich Widersprüchlichkeiten? Notiere dein Ergebnis.

c) Entwickle eine Charakteristik: Welche Eigenschaften treffen auf die junge Frau zu? Ergänze weitere gegensätzliche Eigenschaften. Markiere durch ein Kreuz auf der Linie, in welchem Maße eine Eigenschaft zutrifft: sehr zutreffend = nah am betreffenden Begriff.

selbstständig ——————————— unselbstständig

9 *Was ist gemeint, wenn es im Text heißt: „Die Mittagspause ist ein Spielzeug" (Z. 21)? Deute den Satz auf der Grundlage deiner bisherigen Ergebnisse.*

Die Mittagspause wird von der jungen Frau als eine Möglichkeit gesehen.

10 *Sind die Eltern damit einverstanden, dass ihre Tochter die Mittagspause in einem Straßencafé verbringt? Berücksichtige in diesem Zusammenhang die Zeilen 3–4 und 29–32.*

11 *Schreibe zur Kurzgeschichte „Mittagspause" von Wolf Wondratschek eine vollständige Inhaltsangabe in dein Heft. Nutze dazu deine Vorarbeiten auf S. 70–73.*

12 *Stell dir vor, die „Katastrophe" (Z. 44) tritt ein. Schreibe einen Dialog zwischen dem Mädchen und einem jungen Mann. Verdeutliche durch Regieanweisungen das Verhalten der beiden Figuren.*

Teste dich! – Erzähltexte erschließen

1 *Lies die Geschichte „Happy End" von Kurt Marti sorgfältig durch.*

Kurt Marti

Happy End (1983)

Sie umarmen sich und alles ist wieder gut. Das Wort ENDE flimmert über ihrem Kuss. Das Kino ist aus. Zornig schiebt er sich zum Ausgang, sein Weib bleibt im Gedrängel hilflos stecken, weit hinter ihm. Er tritt auf die Straße und bleibt nicht stehen, er geht, ohne zu warten, er geht voll Zorn und die Nacht ist dunkel. Atemlos, mit kleinen, verzweifelten Schritten holt sie ihn ein, holt ihn schließlich ein und keucht zum Erbarmen. Eine Schande, sagt er im Gehen, eine Affenschande, wie du geheult hast. Sie keucht. Mich nimmt nur wunder, warum, sagt er. Sie keucht. Ich hasse diese Heulerei, sagt er, ich hasse das. Sie keucht noch immer. Schweigend geht er und voll Wut, so eine Gans, denkt er, so eine blöde, blöde Gans und wie sie keucht in ihrem Fett. Ich kann doch nichts dafür, sagt sie endlich, ich kann doch wirklich nichts dafür, es war so schön, und wenn es schön ist, muss ich einfach heulen. Schön, sagt er, dieser Mist, dieses Liebesgewinsel, das nennst du also schön, dir ist ja wirklich nicht zu helfen. Sie schweigt und geht und keucht und denkt, was für ein Klotz von Mann, was für ein Klotz.

2 *Kreuze den passenden Einleitungssatz für eine Inhaltsangabe zu „Happy End" an.*

- ☐ **A** Die Geschichte „Happy End" handelt von einem Ehepaar, das sich nach einem Streit wieder versöhnt.
- ☐ **B** In der Geschichte „Happy End" von Kurt Marti geht es um ein Ehepaar, dessen Beziehung gestört ist.
- ☐ **C** Die Geschichte „Happy End" von Kurt Marti hat den Inhalt eines Liebesfilms zum Gegenstand.

3 *Untersuche die Erzählperspektive. Beachte, dass die Erzählperspektive innerhalb einer Geschichte wechseln kann.*

☐ personal ☐ neutral ☐ auktorial

4 *Welche emotionalen Reaktionen zeigt der Mann, welche die Frau? Kennzeichne mit M oder mit F.*

☐ Zorn ☐ Hilflosigkeit ☐ Aggression
☐ Trauer ☐ Abwehr ☐ Rührung

5 *Kreuze diejenigen Aussagen an, welche die Beziehung von Mann und Frau treffend kennzeichnen.*

- ☐ **A** Der Mann und die Frau beachten sich gar nicht.
- ☐ **B** Der Film ist für das Ehepaar ein Anlass, über ihre gestörte Beziehung zu reden.
- ☐ **C** Der Mann ist dominant, respektiert die Gefühle seiner Frau nicht und geht nicht auf sie ein.
- ☐ **D** Die Beziehung des Ehepaares ist gestört und lieblos.

Werte deine Ergebnisse aus, indem du deine Antworten mit dem Lösungsheft abgleichst. Für jede richtige Antwort bekommst du einen Punkt.

11–8 Punkte	**7–4 Punkte**	**3–0 Punkte**
Gut gemacht!	*Gar nicht schlecht. Schau dir die Merkkästen der Seiten 71 bis 73 noch einmal an.*	*Arbeite die Seiten 71 bis 73 noch einmal sorgfältig durch.*

Dramenszenen untersuchen (Andorra)

Max Frisch

Andorra (viertes Bild, 1961)

Andri ist der Sohn des andorranischen Lehrers Can und einer Frau von den „Schwarzen", den feindlichen Nachbarn der Andorraner. Um dies zu vertuschen, hat der Lehrer behauptet, Andri sei ein jüdisches Kind, das er vor den judenfeindlichen Schwarzen gerettet habe und nun als Pflegesohn großziehe. Im Laufe der Jahre hat sich allerdings in Andorra selbst eine antijüdische Stimmung entwickelt. Niemand weiß von der tatsächlichen Vaterschaft Cans, weder Andri selbst noch Cans Frau noch die Tochter der beiden, Barblin. Alle halten Andri für einen Juden. Die Dorfbewohner verhalten sich ihm gegenüber zunehmend ablehnend.

ANDRI: Ich wollte etwas andres fragen ...
Mutter schöpft die Suppe.
ANDRI: Vielleicht wißt Ihr es aber schon. Nichts ist geschehn, Ihr braucht nicht immer zu erschrecken. Ich weiß nicht, wie man so etwas sagt: – Ich werde einundzwanzig, und Barblin ist neunzehn ... 5
LEHRER: Und?
ANDRI: Wir möchten heiraten.
Lehrer läßt das Brot fallen.
10 ANDRI: Ja. Ich bin gekommen, um zu fragen – ich wollte es tun, wenn ich die Tischlerprobe bestanden habe, aber daraus wird ja nichts – Wir wollen uns jetzt verloben, damit die andern es wissen und der Barblin nicht überall nachlaufen.
15 LEHRER: – – – heiraten?
ANDRI: Ich bitte dich, Vater, um die Hand deiner Tochter.
Lehrer erhebt sich wie ein Verurteilter.
MUTTER: Ich hab das kommen sehen, Can.
LEHRER: Schweig!
20 MUTTER: Deswegen brauchst du das Brot nicht fallen zu lassen.
Die Mutter nimmt das Brot vom Boden.
Sie lieben einander.
LEHRER: Schweig!
25 *Schweigen*
ANDRI: Es ist aber so, Vater, wir lieben einander. Davon zu reden, ist schwierig. Seit der grünen Kammer, als wir Kinder waren, reden wir vom Heiraten. In der Schule schämten wir uns, weil alle uns auslachten: Das geht
30 ja nicht, sagten sie, weil wir Bruder und Schwester sind! Einmal wollten wir uns vergiften, weil wir Bruder und Schwester sind, mit Tollkirschen, aber es war Winter, es gab keine Tollkirschen. Und wir haben geweint, bis Mutter es gemerkt hat – bis du gekommen
35 bist, Mutter, du hast uns getröstet und gesagt, daß wir gar nicht Bruder und Schwester sind. Und diese ganze Geschichte, wie Vater mich über die Grenze gerettet hat, weil ich Jud bin. Da war ich froh drum und sagte es ihnen in der Schule und überall. Seither schlafen wir nicht mehr in der gleichen Kammer, wir 40 sind ja keine Kinder mehr.
Der Lehrer schweigt wie versteinert.
Es ist Zeit, Vater, daß wir heiraten.
LEHRER: Andri, das geht nicht.
MUTTER: Wieso nicht? 45
LEHRER: Weil es nicht geht!
MUTTER: Schrei nicht.
LEHRER: Nein – Nein – Nein ...
Barblin bricht in Schluchzen aus.
MUTTER: Und du heul nicht gleich! 50
BARBLIN: Dann bring ich mich um.
MUTTER: Und red keinen Unfug!
BARBLIN: Oder ich geh zu den Soldaten, jawohl.
MUTTER: Dann straf dich Gott!
BARBLIN: Soll er. 55
ANDRI: Barblin?
Barblin läuft hinaus.
LEHRER: Sie ist ein Huhn. Laß sie! Du findest noch Mädchen genug.
Andri reißt sich von ihm los. 60
ANDRI: –!
ANDRI: Sie ist wahnsinnig.
LEHRER: Du bleibst.
Andri bleibt.
Es ist das erste Nein, Andri, das ich dir sagen muß. 65
Der Lehrer hält sich beide Hände vors Gesicht.
Nein!
MUTTER: Ich versteh dich nicht, Can, ich versteh dich nicht. Bist du eifersüchtig? Barblin ist neunzehn, und einer wird kommen. Warum nicht Andri, wo wir ihn 70 kennen? Das ist der Lauf der Welt. Was starrst du vor dich hin und schüttelst den Kopf, wo's ein großes Glück ist, und willst deine Tochter nicht geben? Du schweigst. Willst du sie heiraten? Du schweigst in dich hinein, weil du eifersüchtig bist, Can, auf die 75 Jungen und auf das Leben überhaupt und daß es jetzt weitergeht ohne dich.
LEHRER: Was weißt denn du!
MUTTER: Ich frag ja nur.
LEHRER: Barblin ist ein Kind – 80
MUTTER: Das sagen alle Väter. Ein Kind! – für dich, Can, aber nicht für den Andri.
Lehrer schweigt.
MUTTER: Warum sagst du nein?
Lehrer schweigt. 85
ANDRI: Weil ich Jud bin.
LEHRER: Andri –
ANDRI: So sagt es doch.

LEHRER: Jud! Jud!
90 ANDRI: Das ist es doch.
LEHRER: Jud! Jedes dritte Wort, kein Tag vergeht, jedes zweite Wort, kein Tag ohne Jud, keine Nacht ohne Jud, ich höre Jud, wenn einer schnarcht, Jud, Jud, kein Witz ohne Jud, kein Geschäft ohne Jud, kein Fluch
95 ohne Jud, ich höre Jud, wo keiner ist, Jud und Jud und nochmals Jud, die Kinder spielen Jud, wenn ich den Rücken drehe, jeder plappert's nach, die Pferde wiehern in den Gassen: Juuuud, Juud, Jud ...
MUTTER: Du übertreibst.
100 LEHRER: Gibt es denn keine andern Gründe mehr?!
MUTTER: Dann sag sie.
Lehrer schweigt, dann nimmt er seinen Hut.
MUTTER: Wohin?
LEHRER: Wo ich meine Ruh hab.
105 *Er geht und knallt die Tür zu.*
MUTTER: Jetzt trinkt er wieder bis Mitternacht.
Andri geht langsam nach der andern Seite.
MUTTER: Andri? – Jetzt sind alle auseinander.

R

!

Ein **Dialog** ist das Wechselgespräch zweier oder mehrerer Dramenfiguren. Dialoge sind der Hauptbestandteil eines Dramas. In ihnen stoßen die Auffassungen und Interessen der Figuren aufeinander, Konflikte treten zu Tage und die Handlung wird vorangetrieben.

1 *Verdeutliche durch beschriftete Pfeile, in welcher Beziehung die Figuren grundsätzlich zueinander stehen (z. B. Verwandtschaftsverhältnis).*

2 *Gliedere den Dialog in Abschnitte und fasse jeden Abschnitt mit Zeilenangabe durch eine kurze Überschrift zusammen.*

____

____

____

____

____

____

Can, der Lehrer | Mutter

Andri | Barblin

3 *Die Kommunikation zwischen den Figuren misslingt in dieser Szene, weil es außer dem vordergründigen Konflikt auch einen unterschwelligen Konflikt gibt. Belege diesen Deutungsansatz, indem du die beiden Konflikte mit eigenen Worten formulierst.*

Vordergründiger Konflikt: ______________________________

Unterschwelliger Konflikt: ______________________________

4 *Halte in einem kurzen inneren Monolog mögliche Gedanken des Lehrers nach dem Verlassen des Hauses fest. Schreibe ins Heft.*

5 *Auf welche der Figuren treffen die folgenden Gefühlsbegriffe jeweils zu? Erläutere deine Zuordnung jeweils kurz. Arbeite in deinem Heft.*

Verzweiflung | Hysterie | Verständnislosigkeit | Bitterkeit

Max Frisch

Andorra (1961)

Am Ende wird Andri umgebracht. Der Vater erhängt sich, Barblin wird wahnsinnig. Der chronologische Ablauf der Handlung in zwölf Bildern wird immer wieder durch kurze Szenen unterbrochen, in denen einzelne Figuren aus dem Stück heraus in einen Zeugenstand treten und die Ereignisse sowie die Schuldfrage rückblickend kommentieren.

Vordergrund

Der Doktor tritt an die Zeugenschranke.

DOKTOR: Ich möchte mich kurz fassen, obschon vieles zu berichtigen wäre, was heute geredet wird. Nachher ist es immer leicht zu wissen, wie man sich hätte verhalten sollen, abgesehen davon, daß ich, was meine Person betrifft, wirklich nicht weiß, warum ich mich anders hätte verhalten sollen. Was hat unsereiner denn eigentlich getan? Überhaupt nichts. Ich war Amtsarzt, was ich heute noch bin. Was ich damals gesagt haben soll, ich erinnere mich nicht mehr, es ist nun einmal meine Art, ein Andorraner sagt, was er denkt – aber ich will mich kurz fassen ... Ich gebe zu: Wir haben uns damals alle getäuscht, was ich selbstverständlich nur bedauern kann. Wie oft soll ich das noch sagen? Ich bin nicht für Greuel, ich bin es nie gewesen. Ich habe den jungen Mann übrigens nur zwei- oder dreimal gesehen. Die Schlägerei, die später stattgefunden haben soll, habe ich nicht gesehen. Trotzdem verurteile ich sie selbstverständlich. Ich kann nur sagen, daß es nicht meine Schuld ist, einmal abgesehen davon, daß sein Benehmen (was man leider nicht verschweigen kann) mehr und mehr (sagen wir es offen) etwas Jüdisches hatte, obschon der junge Mann, mag sein, ein Andorraner war wie unsereiner. Ich bestreite keineswegs, daß wir sozusagen einer gewissen Aktualität erlegen sind. Es war, vergessen wir nicht, eine aufgeregte Zeit. Was meine Person betrifft, habe ich nie an Mißhandlungen teilgenommen oder irgend jemand dazu aufgefordert. Das darf ich wohl vor aller Öffentlichkeit betonen. Eine tragische Geschichte, kein Zweifel. Ich bin nicht schuld, daß es dazu gekommen ist. Ich glaube im Namen aller zu sprechen, wenn ich, um zum Schluß zu kommen, nochmals wiederhole, daß wir den Lauf der Dinge – damals – nur bedauern können. R

6 *Fasse die Aussage des Arztes so knapp wie möglich zusammen.*

7 *Der Arzt versucht, sich zu entlasten. Er wendet dabei unterschiedliche Strategien an, d.h., er stellt Zusammenhänge mit einer bestimmten Absicht dar.*
a) Ordne seinen Strategien eine passende Textstelle (Zeilenangaben) zu:

A dem Opfer eine Teilschuld zuschieben: Z. ____

B Gedächtnisverlust vortäuschen: ____

C Bedauern über das Geschehene äußern: ____

b) Benenne zwei weitere Strategien und belege sie am Text.

8 *Erläutere, inwiefern die folgende Begriffserklärung (Aussagen (1) bis (4)) auf die oben abgedruckte Szene zutrifft. Arbeite in deinem Heft.*

Der **Monolog** ist das Selbstgespräch einer Figur auf der Bühne (1). Der Monolog richtet sich meist nicht direkt an das Publikum, sondern allenfalls an eine vorgestellte Person (2). Monologe können Gedanken und seelische Vorgänge einer Figur für die Zuschauer deutlich werden lassen (3) und werden deshalb häufig an Wendepunkten eines Stückes eingesetzt (4).

Teste dich! – Dramenszenen untersuchen

1 *a) Ordne die Stichworte zum Gesprächsverhalten der jeweils passenden Figur durch einen Pfeil zu.*

Drohung Vermittlungsversuch Verschweigen von Informationen	Andri Lehrer Barblin Mutter

b) Beschreibe das Gesprächsverhalten der Figur, der du kein Stichwort zugeordnet hast, mit zwei Sätzen.

2 *Sowohl Andri als auch die Mutter verstehen die Reaktion des Vaters auf die Bitte um Heiratserlaubnis falsch. Belege diese These, indem du die beiden Missverständnisse benennst.*

Die Mutter glaubt, dass Can den Antrag ablehnt, weil

Andri vermutet, dass er Barblin nicht heiraten soll, weil

3 *Kreuze die Begriffe an, die das Verhalten des Arztes in der Szene an der Zeugenschranke (S. 77) treffend beschreiben.*

☐ schuldbewusst ☐ widersprüchlich ☐ selbstgerecht ☐ naiv ☐ feige
☐ heuchlerisch ☐ wichtigtuerisch ☐ aggressiv ☐ aufrichtig

4 *Kreuze an, ob die Aussagen richtig oder falsch sind.*

	richtig	falsch
Andris Erklärung zu seinem Heiratswunsch (S. 75, Z. 26–43) kann als Monolog bezeichnet werden.	☐	☐
Durch die Ablehnung des Heiratswunsches bricht der schwelende Konflikt um Andris Identität offen aus.	☐	☐
In der „Heiratserlaubnisszene" des vierten Bildes von „Andorra" haben alle auftretenden Figuren einen vergleichbar wichtigen Anteil am Dialog.	☐	☐
„Bilder" und „Szenen an der Zeugenschranke" sind in „Andorra" in chronologischer Reihenfolge angeordnet.	☐	☐
Die Dialoge in den „Bildern" von „Andorra" treiben die Handlung voran, während in den Monologen der „Szenen in der Zeugenschranke" die Handlung reflektiert wird.	☐	☐

Werte deine Ergebnisse aus, indem du deine Antworten mit dem Lösungsheft abgleichst.
Für jede richtige Antwort bekommst du einen Punkt.

16–12 Punkte *Gut gemacht!*	***11–7 Punkte*** *Gar nicht schlecht. Lies die Seiten 75–77 aber noch einmal gründlich.*	***6–0 Punkte*** *Arbeite die Seiten 75 bis 77 noch einmal sorgfältig durch.*

Gedichte analysieren und interpretieren

ARBEITSTECHNIK

Kennzeichnend für lyrische Texte ist der Ausdruck **subjektiver Gefühle,** die gebundene Sprache in **Versen** und die **Dichte von sprachlichen Gestaltungsmitteln.**
Um ein eigenes Textverständnis zu gewinnen, über das man sich mit anderen austauschen kann, ist es sinnvoll, ein Gedicht in bestimmten Arbeitsschritten zu analysieren:
1. Schritt: Erstes Textverständnis formulieren **(Verstehensentwurf)**
2. Schritt: Analyse und Interpretation **(Textanalyse:** Inhalt, formaler Aufbau, sprachliche Gestaltung)
3. Schritt: **Schriftliche Ausarbeitung** (Ergebnisse ordnen und verknüpfen, Endfassung schreiben)
4. Schritt: Zum Gedicht **Stellung nehmen** (z. B. Bezüge zu anderen Gedichten, zeithistorische oder biografische Zusammenhänge herstellen)

1 *Notiere Assoziationen zum Titel „Am Turme".*

lyrisches Ich steht auf Balkon, genießt den Wind im Haar, möchte mit dem Sturm kämpfen

Annette von Droste-Hülshoff

Am Turme (1842)

Reim: *a b a b c*
Metrum: *x́xx́xxx́xxx́ …*

Ich stéh auf hóhem Balkóne am Túrm,
Umstrichen vom schreienden Stare,
Und lass gleich einer Mänade[1] den Sturm
Mir wühlen im flatternden Haare;
5 O wilder Geselle, o toller Fant[2],
Ich möchte dich kräftig umschlingen,
Und, Sehne an Sehne, zwei Schritte vom Rand
Auf Tod und Leben dann ringen!

Und drunten seh ich am Strand, so frisch
10 Wie spielende Doggen, die Wellen
Sich tummeln rings mit Geklaff und Gezisch,
Und glänzende Flocken schnellen.
O, springen möcht ich hinein alsbald,
Recht in die tobende Meute,
15 Und jagen durch den korallenen Wald
Das Walross, die lustige Beute!

Und drüben seh ich ein Wimpel wehn
So keck wie eine Standarte[3],
Seh auf und nieder den Kiel[4] sich drehn
20 Von meiner luftigen Warte[5];
O, sitzen möcht' ich im kämpfenden Schiff,
Das Steuerruder ergreifen
Und zischend über das brandende Riff
Wie eine Seemöwe streifen.

25 Wär ich ein Jäger auf freier Flur,
Ein Stück nur von einem Soldaten,
Wär ich ein Mann doch mindestens nur,
So würde der Himmel mir raten;
Nun muss ich sitzen so fein und klar,
30 Gleich einem artigen Kinde,
Und darf nur heimlich lösen mein Haar
Und lassen es flattern im Winde!

1 **Mänade:** verzückte Frau im Gefolge des Dionysos, des griechischen Gottes des Weins und der Ekstase
2 **Fant:** verächtlich: unreifer, leichtfertiger Bursche
3 **Standarte:** kleine Fahne
4 **Kiel:** Grundbalken bei Schiffen
5 **Warte:** Wachturm, Aussichtsturm

2 *Lies das Gedicht – eventuell laut – und halte dein erstes Textverständnis als zusammenhängenden Text in deinem Heft fest. Beginne z. B. so: „Für mich enthält das Gedicht folgende Aussage(n): …"*

ARBEITSTECHNIK

Analysiere das Gedicht hinsichtlich seines **Inhalts,** seines **formalen Aufbaus** und seiner **sprachlichen Gestaltung.** Arbeite dabei am Text.

- Inhaltlicher Aufbau: Überschrift, Thema, Motive, Situation/Handlung, Haltung des lyrischen Ichs
- Formale Gestaltung: Gedichtform, Strophenbau, Reimschema, Metrum, Rhythmus
- Sprachliche Mittel: Bildlichkeit, rhetorische Mittel, Satzbau, Wortwahl

3 *Fasse mit eigenen Worten stichwortartig zusammen, wovon das Gedicht handelt. Schreibe links neben den Gedichttext.*

4 *Untersuche den **formalen Aufbau** des Gedichts.*
a) Bestimme das Metrum, indem du am Gedichttext jede betonte Silbe und die Reime am Ende der Verszeilen notierst. Orientiere dich am vorgegebenen Muster.
b) Beschreibe die formale Struktur des Gedichts mit Strophenbau, Reimschema und Metrum in deinem Heft.
TIPP: Wenn der formale Aufbau nicht ganz einheitlich ist (wie hier das Metrum), so benenne die überwiegenden Regelmäßigkeiten.

5 *Das Gedicht „Am Turme" von Annette von Droste-Hülshoff ist geprägt von seiner symbolhaltigen Sprache. Untersuche unter diesem Blickpunkt die sprachliche Gestaltung des Gedichts.*
a) Markiere die Wortfelder „Bewegung", „Kraft" und „Lautstärke" in unterschiedlichen Farben.
b) Erläutere den Symbolgehalt von „Sturm" (V. 3), von „Himmel" (V. 28) und von der Handlung „lösen mein Haar" (V. 31) stichwortartig.
c) Es heißt: „Nun muss ich sitzen so fein und klar, Gleich einem artigen Kinde" (V. 29–30). Setze diese Passage in Beziehung zu deinen Analyseergebnissen aus Aufgabe 5a).

ARBEITSTECHNIK

Interpretiere (lat. *auslegen, deuten*) das Gedicht, indem du deine Analyseergebnisse zusammenführst. Informationen zum **zeitgeschichtlichen Kontext** können Interpretationsmöglichkeiten bieten.

6 *a) Beschreibe die Struktur der Strophen 1 bis 3 des Gedichts „Am Turme", die durch den Einschnitt „O …" im jeweils fünften Vers geprägt wird.*
b) Welche Parallelen erkennst du zwischen der erdachten Situation des lyrischen Ichs im Gedicht und der Lebenswirklichkeit von Annette von Droste-Hülshoff?

Annette von Droste-Hülshoff (1797–1848) entstammte einer alten westfälischen, streng katholischen Adelsfamilie und erhielt in ihren Jugendjahren eine sorgfältige Ausbildung. Sie empfand sich als Dichterin und schrieb mit Eifer, lebte aber zurückgezogen im Dienste ihrer Familie. Krankheiten, die sie seit ihrer Geburt begleiteten, und eine enttäuschte Liebe prägten ihre letzten Lebensjahre.

7 *Fasse in deinem Heft die Ergebnisse aus den Aufgaben 3–6 zusammen und zeige dabei auf, wie Inhalt und Form sowie zeitgeschichtliche Informationen einander ergänzen. Belege wichtige Aussagen durch Zitate.*

ARBEITSTECHNIK

Die Analyse gliedert sich in

- **Einleitung:** Autor/Autorin, Titel, Jahreszahl, Thema;
- **Hauptteil:** kurze Inhaltsangabe, Formanalyse, Interpretation;
- **Schluss:** Zusammenfassung des Wichtigsten und persönliche Stellungnahme.

8 *Formuliere nun die Einleitung.*

9 *Verfasse einen Schluss.*

Teste dich! – Ein Gedicht analysieren

1 *Ordne die folgenden Fachbegriffe zu. Lege dazu im Heft eine Tabelle nach dem gegebenen Muster an.*

rhetorische Mittel | Bildlichkeit | Satzbau | Strophenbau | Gedichtform | Überschrift | Metrum | Motive | Wortwahl | Rhythmus | Reimschema | Situation/Handlung | Haltung des lyrischen Ichs | Thema

inhaltlicher Aufbau	formale Gestaltung	sprachliche Mittel
...	...	...

2 *Analysiere den formalen Aufbau des Gedichts. Notiere am Rand.*

Joseph von Eichendorff

Das zerbrochene Ringlein (1813)

In einem kühlen Grunde
Da geht ein Mühlenrad,
Mein' Liebste ist verschwunden,
Die dort gewohnet hat.

5 Sie hat mir Treu versprochen,
Gab mir ein'n Ring dabei,
Sie hat die Treu gebrochen,
Mein Ringlein sprang entzwei.

Ich möcht als Spielmann reisen
10 Weit in die Welt hinaus
Und singen meine Weisen
Und gehn von Haus zu Haus.

Ich möcht als Reiter fliegen
Wohl in die blut'ge Schlacht,
15 Um stille Feuer liegen
Im Feld bei dunkler Nacht.

Hör ich das Mühlrad gehen:
Ich weiß nicht, was ich will –
Ich möcht am liebsten sterben,
20 Da wär's auf einmal still!

3 *Beantworte im Heft folgende Fragen zu den sprachlichen Mitteln:*
a) Was symbolisiert der zerbrochene „Ring" (Strophe 2)?
b) Wofür steht das Bild vom „Mühl(en)rad" (V. 2, 17)?
Warum tritt es in der ersten und letzten Strophe auf?

Werte deine Ergebnisse aus, indem du deine Antworten mit dem Lösungsheft abgleichst.
Für jede richtige Antwort bekommst du einen Punkt.

☺ ***21–17 Punkte***
Gut gemacht!

16–10 Punkte
Gar nicht schlecht. Schau dir die Merkkästen der Seiten 79 und 80 noch einmal an.

9–0 Punkte
Arbeite die Seiten 79 und 80 noch einmal sorgfältig durch.

Ich teste meinen Lernstand

TIPP

Mit Hilfe dieses Tests (S. 82–95) kannst du erkennen, ob du die Inhalte und Arbeitstechniken beherrschst, die im Fach Deutsch gefordert sind. Die Aufgaben und Fragestellungen des Grundlagenteils wechseln stetig. Dieser Test deckt alle Bereiche ab. So bist du in jedem Fall gut vorbereitet. Erkennst du Lücken, so kannst du gezielt daran arbeiten. Vorab solltest du überlegen, was du bereits gelernt hast: Wo liegen deine Stärken oder Schwächen im **Textverstehen,** in der **Grammatik,** im **Schreiben** und in der **Textüberarbeitung**?

Diagnose: Meine Stärken und Schwächen im Fach Deutsch

1 *Die Übersicht zeigt dir die Bereiche, die du beherrschen solltest:*
a) Kreuze für jeden Bereich an, wie gut du ihn schon beherrschst.
b) Frische dein Wissen auf und fülle Lücken: Schlage zu den Bereichen, die du nicht gut oder mittelmäßig beherrschst, noch einmal die Übungen auf den angegebenen Seiten nach. Sieh dir dort die Merkkästen an. Führe Übungen, die du noch nicht gemacht hast, aus.

Bereich	gut	mittel	nicht gut	Übungen auf Seite	Wiederholt erledi[gt]
Textverstehen, z. B.					
Informationen aus Texten schrittweise entnehmen (markieren, Begriffe klären, Fragen und Arbeitshypothesen formulieren, gliedern, zusammenfassen)				S. 3, 16–18, 71	
Grafiken, Schaubilder und Tabellen verstehen				S. 67, 88, 91	
Merkmale von Texten kennen und unterscheiden (z. B. Kurzgeschichte, Dramenszene, Gedicht, Sachtext)				S. 64–66, 70–73, 75–77, 78–80, 83–87	
Texte gliedern (z. B. in Handlungsschritte, in Sinnabschnitte)				S. 64–66	
Literarische Figuren charakterisieren (Charakteristik)				S. 73	
Erzählerfunktionen erkennen				S. 71	
Schreiben, z. B.					
Den Schreibprozess in mehrere Arbeitsschritte gliedern (z. B. Schreibplan, Stoffsammlung, gliedern, überarbeiten)				S. 3, 13–15, 62, 94–95	
Sachlich informieren (berichten, beschreiben)				S. 3, 8, 20–23	
Argumentieren (Thesen entwickeln, Meinungen begründen)				S. 9–11, 13–15, 16–18, 93	
In Anlehnung an literarische Texte schreiben				S. 76	
Nachdenken über Sprache, z. B.					
Die Zielrichtung und Wirkung verschiedener Ausdrucksweisen kennen und unterscheiden (z. B. informierende, argumentierende, appellative Texte)				S. 16–18	
Wortarten kennen und unterscheiden (z. B. Adjektiv, Verb, Konjunktion, Pronomen)				S. 35	
Tempusformen, Aktiv/Passiv und Konjunktiv unterscheiden und anwenden				S. 25, 26–28, 31	
Satzbauformen und Satzverbindungen kennen und anwenden (z. B. Satzglieder, Gliedsätze, Subjekt- und Objektsatz, Satzgefüge)				S. 34, 36, 37, 41, 43–45	
Wortbedeutungen erschließen und unterscheiden (z. B. Ober- und Unterbegriff, Synonym/Antonym, Metaphern, Fremdwort)				S. 57, 80–81	
Stilmittel, rhetorische Mittel erkennen				S. 80–81	
Richtig schreiben (Rechtschreib- und Zeichensetzungsregeln)				S. 46, 48–50, 52–55, 59, 60, 62	

TIPP

Mit dem folgenden Test kannst du prüfen, wie gut du folgende Bereiche tatsächlich beherrschst:
- **Verstehen von Texten** (Aufgaben A),
- **Nachdenken über Sprache** (Aufgaben B),
- **Schreiben: Erörtern** (Aufgabe C),
- **Textüberarbeitung** (Aufgaben D).

In dem Test begegnen dir verschiedene Aufgabenarten, z. B. in einer Auswahl an möglichen Antworten die richtige ankreuzen (Multiple-Choice), Lückentexte korrekt ausfüllen, kurze Begründungen formulieren, visuelle Darstellungen (Schaubilder, Grafiken) erklären oder argumentieren.
Lies die Texte und die Aufgabenstellungen immer sehr aufmerksam und überlege, bevor du z. B. vorschnell ankreuzt, ob du jeweils genau verstanden hast, was verlangt wird. Stelle Aufgaben, die du nicht auf Anhieb lösen kannst, erst zurück und bearbeite sie zum Schluss.
Du kannst deine Antworten mit Hilfe des Lösungsheftes selbst prüfen und anhand der erreichten Punktzahl deinen **Lernstand bewerten.** Stelle abschließend deine Fehlerschwerpunkte fest und überlege, welche Bereiche du wiederholen und üben musst.

Beruf und Berufung

A 1 Literarische Texte verstehen

Reiner Kunze

Clown, Maurer oder Dichter (1976)

Ich gebe zu, gesagt zu haben: Kuchenteller. Ich gebe ebenfalls zu, auf die Frage des Sohnes, ob er allen Kuchen auf den Teller legen solle, geantwortet zu haben: allen. Und ich stelle nicht in Abrede, daß der Kuchen 5 drei Viertel der Fläche des Küchentischs einnahm. Kann man denn aber von einem zehnjährigen Jungen nicht erwarten, daß er weiß, was gemeint ist, wenn man Kuchenteller sagt? Das Händewaschen hatte ich überwacht, und dann war ich hinausgegangen, um meine 10 Freunde zu begrüßen, die ich zum Kartoffelkuchenessen eingeladen hatte. Frischer Kartoffelkuchen von unserem Bäcker ist eine Delikatesse. Als ich in die Küche zurückkehrte, kniete der Sohn auf dem Tisch. Auf einem jener Kuchenteller, die nur wenig größer sind als eine 15 Untertasse, hatte er einen Kartoffelkuchenturm errichtet, neben dem der Schiefe Turm zu Pisa senkrecht gewirkt hätte. Ich sparte nicht mit Stimme. Ob er denn nicht sähe, daß der Teller zu klein sei. Er legte sich mit der Wange auf den Tisch, um den Teller unter diesem 20 völlig neuen Gesichtspunkt zu betrachten. Er müsse doch sehen, daß der Kuchen nicht auf diesen Teller passe. Aber der Kuchen passe doch, entgegnete er. Das eine Blech lehnte am Tischbein, und auch das andere war fast leer. Ich begann, mich laut zu fragen, was einmal aus ei- 25 nem Menschen werden solle, der einen Quadratmeter Kuchen auf eine Untertasse stapelt, ohne auch nur einen Augenblick daran zu zweifeln, daß sie groß genug sein könnte. Da standen meine Freunde bereits in der Tür. „Was aus dem Jungen werden soll?" fragte der erste,

meine Worte aufnehmend: Er peilte den Turm an. „Der 30 Junge offenbart ein erstaunliches Gefühl für Balance. Entweder er geht einmal zum Zirkus, oder er wird Maurer." Der zweite ging kopfschüttelnd um den Turm herum, „Wo hast du nur deine Augen?" fragte er mich. Erst jetzt entdeckte ich, daß die von mir geschnittenen Ku- 35 chenstücke geviertelt waren, als wären wir zahnlose Greise. Mein Freund sah die größeren Zusammenhänge. „Siehst du denn nicht, daß in dem Jungen ein Künstler steckt?" sagte er. „Der Junge hat Mut zum Niegesehenen. Er verknüpft die Dinge so miteinander, daß wir staunen. 40 Er hat schöpferische Ausdauer. Vielleicht wird aus ihm

sogar ein Dichter, wer weiß." „Eher ein richtiger oder ein genialer Soldat", sagte der dritte, den ich jedoch sogleich unterbrach. „Soldat? Wieso Soldat?" fragte ich auf die
45 Gefahr hin, dem Sohn die Wörter wieder abgewöhnen zu müssen, die zu erwarten waren, sobald sich dieser Freund seiner Armeezeit erinnerte. Er antwortete: „Ein richtiger Soldat, weil er auch den idiotischsten Befehl ausführt. Und ein genialer Soldat, weil er ihn so aus-
50 führt, daß das Idiotische des Befehls augenfällig wird. Ein Mensch wie er kann zum Segen der Truppe werden." Ich hoffte, der Sohn würde das meiste nicht verstanden haben. Am Abend hockte er sich jedoch zu Füßen seiner Schwester aufs Bett und fragte sie, was zu werden sie ihm rate: Clown, Maurer oder Dichter. Soldat zu werden, 55 zog er nicht in Betracht, weil er es dann mit Vorgesetzten wie seinem Vater zu tun haben könnte. Seitdem bedenke ich, wer bei uns zu Gast ist, bevor ich eines meiner Kinder kritisiere. R

1 *Worin liegt die Schwierigkeit im Verständnis zwischen Vater und Sohn? Kreuze die richtige Antwort an.*

Der Junge hat anders gehandelt, als der Vater es erwartete, weil

☐ **A** er unfähig ist, Aufgaben richtig zu lösen.
☐ **B** der Vater sich missverständlich ausgedrückt hat.
☐ **C** nur ein Teller auf dem Tisch war.
☐ **D** er niemandem richtig zuhören kann.

2 P.

2 *Warum sollte der Junge Dichter werden? Kreuze an, was* ***nicht*** *zutrifft.*

Der Junge sollte Dichter werden, weil er

☐ **A** Alltagsdinge in neuem Zusammenhang zeigen kann.
☐ **B** sich mit Alltäglichem gar nicht erst abgibt.
☐ **C** mit Konzentration kreative Ideen umsetzen kann.
☐ **D** mit Mut Neues, Außergewöhnliches wagt.

2 P.

3 *Kreuze an, welche Aussagen zum Text zutreffen.*

	richtig	falsch
A Der Vater hätte sich gehorsamere Kinder gewünscht.	☐	☐
B Der Vater meint, sich verständlich ausgedrückt zu haben.	☐	☐
C Der Vater schätzt die Talente seines Sohnes richtig ein.	☐	☐
D Die Freunde des Vaters sind Neuem gegenüber offener als dieser.	☐	☐
E Der Junge nimmt seinen Vater beim Wort.	☐	☐
F Der Vater beharrt darauf, recht zu haben.	☐	☐
G Der Junge ist Neuem gegenüber offener als sein Vater.	☐	☐
H Der Vater möchte die Talente seines Sohnes demnächst besser fördern.	☐	☐

4 P.

4 *Kreuze die richtige Antwort an.*

Der Junge könnte ein „genialer Soldat" werden, weil er

☐ **A** die Dummheit von Befehlen aufdeckt.
☐ **B** die Dummheit von Befehlen nicht hinterfragt.
☐ **C** dumme Befehle nicht ausführt.
☐ **D** dumme Befehle ohne Nachfrage ausführt.

2 P.

5 *Kreuze die richtige Antwort an.*

Der Ich-Erzähler hat am Ende gelernt, in Zukunft

☐ **A** besser zu kontrollieren, ob seine Kinder seine Aufträge richtig ausführen.
☐ **B** seine Kinder nicht mehr zu kritisieren.
☐ **C** seine Kinder nur noch zu kritisieren, wenn sich andere nicht einmischen können.
☐ **D** seinen Kindern keine unklaren Aufträge mehr zu geben.

2 P.

B 1 Nachdenken über Sprache

6 *Kreuze die richtige Antwort an.*

„Ich sparte nicht mit Stimme." (Z. 17) bedeutet:

- ☐ **A** Ich wurde laut.
- ☐ **B** Ich war sprachlos.
- ☐ **C** Ich redete stundenlang auf ihn ein.
- ☐ **D** Ich erklärte alles noch einmal ausführlich.

2 P.

7 *a) Kreuze an, in welchem Modus die unterstrichenen Prädikate in den beiden Sätzen stehen.*

A „Auf einem jener Kuchenteller [...] hatte er einen Kartoffelkuchenturm errichtet, neben dem der Schiefe Turm zu Pisa senkrecht gewirkt hätte."

B „Ob er denn nicht sähe, daß der Teller zu klein sei."

Satz A: ☐ Konjunktiv I ☐ Konjunktiv II

Satz B: ☐ Konjunktiv I ☐ Konjunktiv II

3 P.

b) Formuliere Satz B in die direkte Rede um.

____

2 P.

A 2 Literarische Texte verstehen

Sabine Neumann

Streit (2000, Auszug)

Eine junge Frau, die sich beruflich und privat noch nicht festgelegt hat, trifft nach vielen Jahren ihren ehemaligen Freund wieder, den sie seit der Schulzeit kennt. Er hat inzwischen in einer Werbeagentur Karriere gemacht.

Er bat sie, in der Küche sitzen zu bleiben. Nach einer Weile kam er mit ein paar Broschüren zurück, die er auf dem Tisch ausbreitete. Er wollte ihr zeigen, womit sie hier in der Werbeagentur arbeiteten. Sie warben für 5 elektronische Blutdruckmesser, sie machten Prospekte für ein Gartenfachgeschäft, sie sollten das Image einer alteingesessenen örtlichen Firma für HiFi-Geräte aufpolieren. Er blätterte die Prospekte durch, er sagte, das also sei seine Beschäftigung und jedes dieser Projekte liege 10 ihm wirklich am Herzen. Er sagte, es befriedigt mich zu sehen, dass meine Arbeit eine Wirkung hat, dass sie die Wirklichkeit beeinflusst. Man braucht Einfühlungsvermögen, fuhr er fort, man muss den Menschen nahe sein, wenn man Erfolg haben will, und es geht nun einmal 15 darum, Erfolg zu haben, man muss ihre Sprache sprechen, man muss völlig offen sein für neue Trends, man darf nicht im eigenen Saft stecken bleiben. Er sprach mit wachsendem Eifer, er gewann mit jedem Wort an Sicherheit, meinte, sich vor ihr rechtfertigen zu müssen, 20 ihr seine Tätigkeit so schildern zu müssen, dass sie vor ihrem Auge bestehen würde. Er hatte das Gefühl, dass sie ihn dazu bringen wollte zuzugeben, dass er sein Leben mit einer verwerflichen Beschäftigung verbrachte. Doch wenn man es genau betrachtete, war schließlich jede Arbeit verwerflich. 25

Sie hatte es sich immer so einfach gemacht mit der Behauptung, dass für sie kein Beruf in Frage käme. Sie würde sich lieber in eine Hütte in der Einsamkeit zurückziehen, wo sie ihr eigenes Gemüse ziehen und über den Sinn des Daseins meditieren könnte. Er hatte dann ge- 30 sagt, bei ihr sei bisher auch die anspruchsloseste Grünpflanze (die so genannte Sekretärinnenpflanze, von der er ihr einen Ableger gegeben hatte) eingegangen, sie könne wahrscheinlich nicht einmal eine Karotte großziehen, außerdem könne er sich vorstellen, dass sie 35 schon nach einer Woche ohne warme Dusche bereitwillig in die verabscheute Zivilisation zurückkehren würde, und das sei nur ein kleines Beispiel für den Verzicht, den ein solches Leben ihr abverlangen würde, ganz abgesehen davon, dass das alles pures Gerede sei und er 40 sich gar nicht darauf einlassen wolle. [...] Sie überlegte kurz, ob sie ihm erklären sollte, hier, in der Küche seiner Werbeagentur, dass sie inzwischen längst darüber hinaus sei, die verschiedenen mehr oder weniger sinnlosen Tätigkeiten zu verurteilen, zu denen die Menschen 45 mehr aus Zufall denn aus freier Willensentscheidung hingetrieben werden. Er hätte sicher gedacht, sie wolle

sich über ihn lustig machen. Er sagte, freilich geht es für mich nicht unter einer 60-Stunden-Woche ab, die Unabhängigkeit hat ihren Preis, ich beschwere mich nicht, mein Job ist mein Leben, da gibt es nicht viel Raum für anderes, zum Glück sollte ich sagen, keine müßigen Gedanken, keine Tagträumerei, keine überfliegenden Pläne.

Einmal, so fügte er hinzu und packte die Broschüren zusammen, vor ein paar Jahren, habe ich mir ein Schreibheft gekauft, du weißt, eins mit leeren Seiten, so wie wir sie damals hatten, ich habe mich an den Schreibtisch gesetzt, ich habe mir gedacht, jetzt oder nie, ich schreibe mein Buch. Irgendwo hat mich der Gedanke ja doch die ganze Zeit nicht losgelassen. Ich habe meinen alten Füller hervorgeholt, habe schwarze Tinte aufgezogen, ich habe das Heft geöffnet, meinen Namen auf die erste Seite gesetzt und dann habe ich einen ganzen Abend dagesessen und am Ende hatte ich nicht mehr geschrieben als einen Satz, den ersten und letzten Satz zu meinem Buch. Ich habe das Heft wieder zugeklappt und nie wieder in die Hand genommen, ich könnte es dir zeigen. Von da an war das Kapitel für mich erledigt, für immer, was für eine Erleichterung das war, was für eine unglaubliche, unbeschreibliche Befreiung. Ich habe jetzt jahrelang keine persönliche Zeile mehr geschrieben, ich bin geheilt, es ist ein paradiesischer Zustand. Ich muss nicht mehr Schriftsteller sein, was für einen unwiderstehlichen Klang das Wort für fast alle von uns hatte, wer wollte eigentlich nicht Schriftsteller werden, Ersatzheiliger, Verkünder, Messias, berühmt, begehrt, bewundert. Ich muss jetzt nichts mehr beweisen, mein Leben besteht nicht länger aus dieser überhitzten, größenwahnsinnigen Fantasie.

Man kann nur eine Sache im Leben machen und man sollte sich ihr hingeben mit Haut und Haar, so sagte er. Man muss es annehmen, wenn diese eine Sache auftaucht und Gestalt annimmt. Gut, in meinem Leben war das die Agentur. Sich in Spekulationen verlieren über das, was möglich wäre, sagte er und leerte seine Kaffeetasse, ist die schlimmste Krankheit des menschlichen Geistes, es ist tödlich, es ist das Gift, von dem die Welt durchdrungen ist, es ist die Wurzel allen Unglücks. Freilich, so fuhr er fast widerwillig fort, als sie eine Weile schweigend dagesessen hatten und sie keine Anstalten machte, das Wort zu ergreifen, habe es ihm einen Stich gegeben, als er vor nicht ganz so langer Zeit in der Zeitung Martins Bild gesehen habe, Martin, im Blitzlichtgewitter, mit einem riesigen Blumenstrauß im Arm. Martin, sagte er, unser Freund, hat es also schließlich geschafft. Es habe ihn kurz der Gedanke durchzuckt: Hätte er selbst weitergemacht, wäre er heute vielleicht auch so weit. Nun, sagte er und fuhr mit der Hand über den Tisch, als wollte er etwas wegwischen, offen gestanden, ich habe meine Aufzeichnungen von früher noch einmal angesehen und mich davon überzeugt, dass sie so schlecht nicht waren. Ich hätte das Zeug dazu gehabt. Aber ich habe mich nun einmal für etwas anderes entschieden, unterm Strich kann ich froh darüber sein.

8 *In dem Textauszug geht es um die Lebensentwürfe von drei ehemaligen Freunden, die sich in der Berufswahl äußern. Kreuze an, welche Aussage zutrifft.*

- ☐ **A** Von den dreien hat jeder seinen Traumberuf gefunden.
- ☐ **B** Die drei sind konkurrierende Schriftsteller geworden.
- ☐ **C** Von den dreien hat keine/r Erfolg im Beruf.
- ☐ **D** Die drei hatten früher einen gemeinsamen Traumberuf.

2 P.

9 *Kreuze an, welche Aussage zutrifft.*

- ☐ **A** Der Mann hat seinen Traumjob gefunden und beneidet niemanden.
- ☐ **B** Der Mann empfindet Erleichterung über seine Berufswahl.
- ☐ **C** Der Mann hat seinen Traumjob verloren und muss nun hart arbeiten.
- ☐ **D** Der Mann lebt seinen Jugendtraum.

2 P.

10 *Schriftsteller war früher der Traumberuf des Mannes. Was verband er mit diesem Beruf? Kreuze an, welche drei Begriffe zutreffen.*

☐ **A** bekannt, beliebt, bedeutend zu sein
☐ **B** begeistert, beseelt, beglückt zu sein
☐ **C** berühmt, begehrt, bewundert zu sein
☐ **D** beneidet, bekämpft, betrübt zu sein

1 P.

11 *Der Text ist in zwei Abschnitte geteilt: Z. 1–54 und Z. 55–105. Wähle für jeden Teil eine passende Überschrift aus und begründe deine Wahl im Heft.*

A Gescheiterter Traum **B** Erfolgreich im Job **C** Aussteigen oder anpassen? **D** Einsicht und Befreiung

☐ Überschrift Teil 1 ☐ Überschrift Teil 2

6 P.

12 *Der Mann stellt seinen Lebensinhalt unter das Motto „Mein Job ist mein Leben" (Z. 51).*
a) Ist er damit deiner Ansicht nach zufrieden? Kreuze an.

☐ ja ☐ nein ☐ teils/teils

5 P.

b) Begründe deine Meinung, indem du dich auf konkrete Textstellen beziehst (gib Zeilen an). Schreibe in dein Heft.

13 *Kreuze an, welche vier Eigenschaften auf den Mann zutreffen.*

☐ einfältig ☐ ruhig ☐ selbstüberzeugt ☐ entschlossen
☐ neidisch ☐ aufgeregt ☐ tolerant ☐ humorvoll

4 P.

B 2 Nachdenken über Sprache

14 *Der Text enthält viele Satzreihen, z. B.: „Ich habe meinen alten Füller hervorgeholt, habe schwarze Tinte aufgezogen, ich habe das Heft geöffnet, meinen Namen auf die erste Seite gesetzt und dann habe ich einen ganzen Abend dagesessen und am Ende hatte ich nicht mehr geschrieben als einen Satz, den ersten und letzten Satz zu meinem Buch." (Z. 61 ff.)*
In der Klasse werden verschiedene Ansichten zur beabsichtigten Wirkung des Stilmittels der Satzreihung genannt. Welche trifft deiner Meinung nach zu? Kreuze an.

☐ **A** Die Sätze sollen dazu beitragen, dass man die erzählende Figur nicht so leicht versteht.
☐ **B** Die Autorin wollte möglichst viel Information auf wenig Raum unterbringen.
☐ **C** Es soll gezeigt werden, wie sinnlos der Erzähler denkt.
☐ **D** Die Sätze geben das Gespräch so wieder, wie gesprochen wurde.

2 P.

15 *Im Text heißt es: „Ich muss jetzt nichts mehr beweisen, mein Leben besteht nicht länger aus dieser überhitzten, größenwahnsinnigen Fantasie." (Z. 78 ff.) Formuliere den Satz in ein Satzgefüge mit Konjunktion um, ohne dass sich der Sinn verändert.*

____

____

____

____

2 P.

A 3 Sachtexte verstehen

Pilotstudie[1] belegt: Fernsehen stellt verzerrte Berufsrealität dar

Stereotype Berufsdarstellung und bevorzugte „Trendberufe" zeichnen verzerrtes Bild der Arbeitswelt

1 ______

Das Fernsehen öffnet Jugendlichen heute ein komfortables Fenster in die Berufswelt: Es ermöglicht ihnen, sich mit verschiedenen Berufen auseinanderzusetzen, 5 bevor sie eine Berufsentscheidung treffen. So können sie sich ein Bild über mögliche Berufe machen und diese mit ihren Berufswünschen vergleichen. Doch sind sie dadurch auch richtig über ihre Traumberufe informiert? Oder vermittelt das Fernsehen nur grobe – vielleicht so- 10 gar falsche – Vorstellungen von so genannten „Trendberufen"? Wenn ja: Welche Informationen werden vermittelt und wo entstehen Wissenslücken oder falsche Bilder bei den jugendlichen Mediennutzern? Diesen Fragen ging das Essener MMB Institut für Medien- und 15 Kompetenzforschung im Auftrag des Instituts für Arbeitsmarkt- und Berufsforschung (IAB) der Bundesanstalt für Arbeit nach. […]

2 ______

Die Frage ist so alt wie das Fernsehen selbst: Kann das 20 Fernsehprogramm die Zuschauer beeinflussen oder nicht? Konsens herrscht unter Medienforschern zumindest darüber, dass Fernsehen Wissen vermitteln und Gesprächsthemen auf die Tagesordnung setzen kann. Gerade Vielseher nutzen das Medium, um sich ein Bild 25 über Lebensbereiche zu machen, die sie selbst nicht erfahren können. Sie beziehen ihr Wissen über bestimmte Sachverhalte zu einem großen Teil aus der Mediennutzung. Bei Jugendlichen der Altersgruppe zwischen 14 und 19 Jahren konzentriert sich die Mediennutzung 30 vor allem auf Daily Soaps, also werktäglich ausgestrahlte Fortsetzungsgeschichten mit Alltagsthemen. Es liegt nahe, in diesen Sendeformaten auch Thematisierungen von Berufen zu vermuten. […]

3 ______

35 Ein erstes Ergebnis der Studie lautet, dass Fernsehen Berufe hauptsächlich in Unterhaltungsformaten thematisiert. Nur 37,3 Prozent der Berufe werden in Informationssendungen angesprochen oder gezeigt. Damit findet Berufsthematisierung überwiegend in Formaten 40 statt, deren Ziel nicht ausgewogene Berichterstattung und Vermittlung von Informationstiefe ist, sondern unterhaltende Darstellung. Zu 65,3 Prozent findet die Thematisierung von Berufen nur durch zeigende Darstellung (Beispiel: ein Kellner serviert in der Kneipe Ge- 45 tränke) ohne explizite Ansprache (Beispiel: zwei Protagonisten sprechen über den Beruf des Kellners) statt. Diese Präferenz[2] für zeigende statt diskursive[3] Thematisierung ist typisch für das visuelle Medium Fernsehen und dürfte auch für andere Themen gelten. Eine kontro- 50 verse Diskussion von beruflichen Themen findet im Fernsehen entsprechend kaum statt. Nur in jeder achten Szene mit Berufsbezug wird mehr als ein Beruf thematisiert. Auch die parallele oder vergleichende Darstellung von Berufen ist die Ausnahme. […]

1 **Pilotstudie:** Untersuchung zu einem bisher nicht erforschten Bereich
2 **Präferenz:** Vorliebe
3 **diskursiv:** ausführlich, schrittweise diskutiert

4 ______

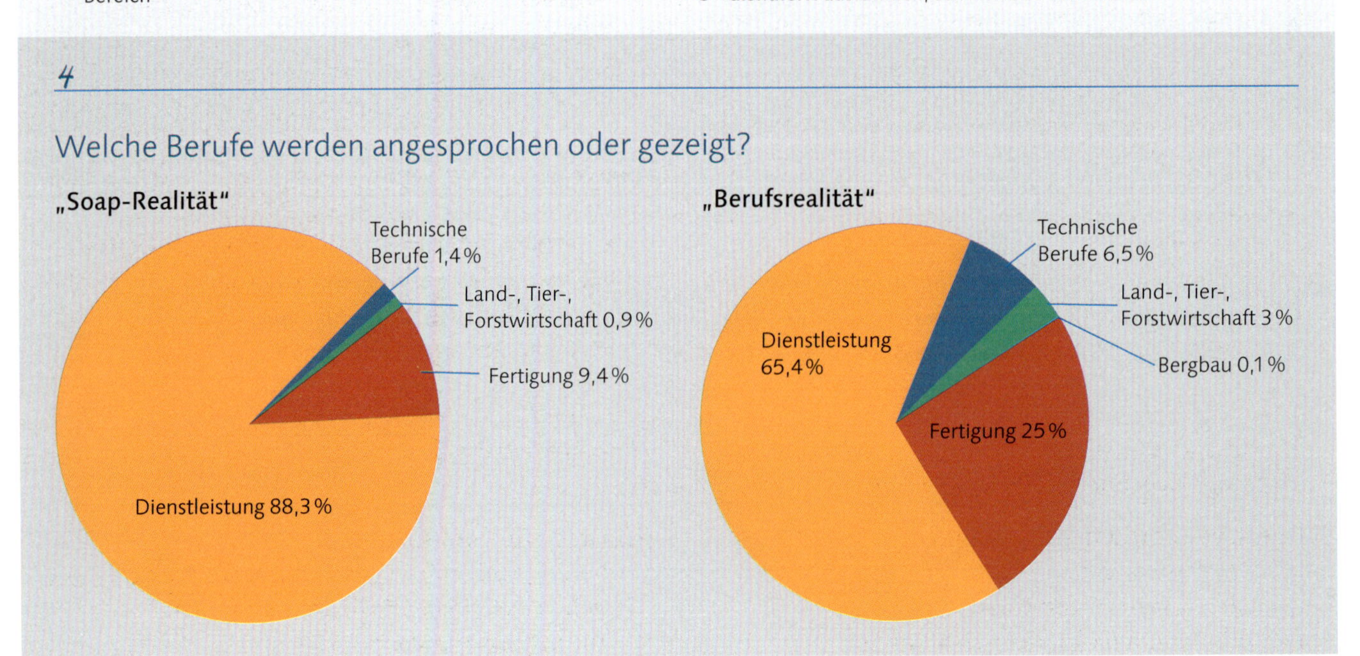

5

„Gute Zeiten, schlechte Zeiten" (RTL) thematisiert sehr häufig journalistische und künstlerische Berufe, „Marienhof" (ARD) hingegen Gesundheitsdienstberufe, Sozial- und Erziehungsberufe sowie geisteswissenschaftliche Berufe. Das Vorabendprogramm thematisiert, bedingt durch Polizei- und Arztserien, häufiger Ordnungs- und Sicherheitsberufe sowie Berufe im medizinischen Arbeitsumfeld. Von entscheidender Bedeutung für die Ergebnisse der Pilotstudie ist jedoch die sehr viel höhere Sehbeteiligung von Jugendlichen an Seifenopern im Vergleich zum übrigen Fernsehprogramm. [...]

6

Ziel dieser Studie war neben einer ersten Erhebung zur Thematisierung von Berufen im Vorabendprogramm und in Daily Soaps auch, aus diesen Befunden konkrete Empfehlungen für die Arbeit von Berufsberatern auszusprechen:

- Vorbilder kennen
  [...] Jugendliche, die in der Sozialisation[4] die Regeln unserer Gesellschaft kennen lernen, sehnen sich in diesem Prozess nach Vorbildern für die Gestaltung ihres eigenen Lebens. Da in unserer Gesellschaft viele Bedürfnisse durch Medien befriedigt werden, suchen Jugendliche auch in den Medien nach diesen Vorbildern und finden sie in zielgruppenadäquatem[5] Zuschnitt in den Daily Soaps. Auf diese immens wichtige Rolle der Medien sollten sich alle einstellen, die mit Jugendlichen und jungen Erwachsenen in Kontakt treten. Nur wer die nachgeahmten Vorbilder kennt, die als Trendsetzer besonders für die Vielseher von TV-Reihen fungieren[6], kann Wünsche und Vorstellungen von Jugendlichen nachvollziehen. Eine gewisse Kenntnis der Logik, Funktionsweise, Struktur und Ästhetik[7] von Soaps wird Berufsberatern sicher nützen.
- Berufe auf der „Tagesordnung" verfolgen
  Angesichts der Fülle von Themen, mit denen wir täglich konfrontiert werden, können nicht alle gleich wichtig sein. In Gesprächen mit Freunden und Bekannten, vor allem aber durch die Medien wird beeinflusst, welche Themen auf unsere aktuelle „Agenda" – die tägliche Liste aktueller Themen – kommen. [...] Als Arbeitsberater muss man damit rechnen, dass plötzlich junge Leute zur Marine möchten, weil die Serie „Nicht von schlechten Eltern" bei Jugendlichen bebliebt ist. Zurzeit dürfte der Wunsch nach einer Sänger-Karriere dominieren, weil gleich auf mehreren Kanälen (plus Internet und Mobilfunk) der „Superstar" gesucht wird. [...]
- Bewertung von Berufen kennen
  Entscheidend für die Berufswahl ist nicht nur, welche Berufe im Fernsehen präsentiert werden. Auch die Darstellung und Bewertung des Berufs beeinflussen die Berufspräferenz. So kann das hohe Ansehen, das ein Beruf im privaten Umfeld hat (z. B. Bankangestellter, Makler), von den Massenmedien durch die Darstellung in Magazinsendungen und Serien in sein Gegenteil verkehrt werden. Die Sendungen stellen diese Bewertung als Mehrheitsmeinung dar, obwohl sie vielleicht rein statistisch nur von einer Minderheit geteilt wird. Umgekehrt verhilft das Fernsehen beispielsweise durch Serien wie „Nikola" oder „Für alle Fälle Stefanie" dem Beruf der Krankenschwester zu einem ausgesprochen positiven Image. Die Fernsehpräsentation ist so auch in der Lage, das Image eines Berufs gezielt zu beeinflussen.

4 **Sozialisation:** Prozess der Einordnung Heranwachsender in die Gesellschaft
5 **zielgruppenadäquat:** der Zielgruppe angemessen/entsprechend
6 **fungieren:** eine bestimmte Aufgabe haben, für etwas da sein
7 **Ästhetik:** Schönheit, Sinn für das Schöne

16 *Ordne jedem Textabschnitt die richtige Überschrift zu. Schreibe sie jeweils in eine der Schreibzeilen.*
***Achtung:** Zwei Überschriften passen nicht! Streiche sie durch.*

Berufe in verschiedenen Sendungen
Beliebte Fernsehserien
Unterhaltung statt Information
Fragestellung und Ziel der Untersuchung
Hinweise für Berufsberater
Verteilung der Berufe in Soaps und in der Realität
Ursachen beruflicher Fehlentscheidungen
Erfahrungen durch das Fernsehen

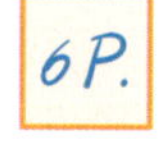

17 *Die Untersuchung bezog sich auf eine Reihe von Fragen. Kreuze an, welche Antwort **nicht** zutrifft.*

☐ **A** Informiert das Fernsehen Jugendliche richtig über Traumberufe?

☐ **B** Vermittelt das Fernsehen falsche Vorstellungen von „Trendberufen"?

☐ **C** Welche Informationen vermittelt das Fernsehen über Berufe und wo bleiben Lücken?

☐ **D** Welche Möglichkeiten der Information über Berufe haben Jugendliche außerhalb des Fernsehens?

2 P.

18 *Die Untersuchung kam zu Ergebnissen über die Thematisierung von Berufen im Fernsehen. Kreuze an, welche Antwort **nicht** zutrifft.*

☐ **A** Berufe werden im Fernsehen eher in Unterhaltungssendungen als in Informationssendungen thematisiert.

☐ **B** Berufe werden im Fernsehen meistens nur gezeigt, aber nicht besprochen.

☐ **C** Berufe werden im Fernsehen häufig diskutiert.

☐ **D** Die vergleichende oder parallele Darstellung von Berufen im Fernsehen ist selten.

2 P.

19 *Welche Aussagen treffen auf die beiden Kreisdiagramme zu? Kreuze für jede Formulierung an: Richtig oder falsch?*

	richtig	falsch
Die Soaps zeigen ein vollkommen falsches Bild der Berufsrealität.	☐	☐
Die Soaps verstärken den Berufsbereich, der in der Realität am häufigsten vertreten ist.	☐	☐
Der Bergbau wird in Soaps mit zu den Dienstleistungen gezählt.	☐	☐
In der Soap-Realität und in der Berufsrealität ist die Land-, Tier-, Forstwirtschaft am geringsten vertreten.	☐	☐
In der Soap-Realität werden weniger Berufe gezeigt, als es in Wirklichkeit gibt.	☐	☐
Fast 90 % der im Unterhaltungsfernsehen gezeigten Berufe sind Dienstleistungsberufe.	☐	☐
34,6 % der Berufe gehören nicht dem Dienstleistungsbereich an.	☐	☐
Kaum jemand möchte in Wirklichkeit in der Forstwirtschaft arbeiten.	☐	☐

4 P.

20 *Berufsberater erhalten aus der Studie Hinweise für ihre Beratung Jugendlicher. Kreuze an, welche Antwort zutrifft.*

☐ **A** Sie erhalten Informationen über das schlechte Image von Traumberufen.

☐ **B** Sie können die Fernseh-Vorbilder kennen lernen, an denen sich Jugendliche orientieren.

☐ **C** Sie können nachlesen, worüber Jugendliche sich am liebsten unterhalten.

☐ **D** Sie erhalten Informationen über die Berufe, die bei Jugendlichen „out" sind.

2 P.

21 *Die drei Schaubilder zeigen den Einfluss der Berufsdarstellungen im Fernsehen auf die Berufswünsche Jugendlicher im Verhältnis zur Berufsrealität. Welche grafische Darstellung veranschaulicht deiner Meinung nach am besten die Textaussage?*
Wähle ein Schaubild aus und begründe deine Wahl, indem du die Grafik beschreibst und einen Bezug zum Text herstellst. Du kannst jedes der Schaubilder wählen, wichtig ist die Begründung.

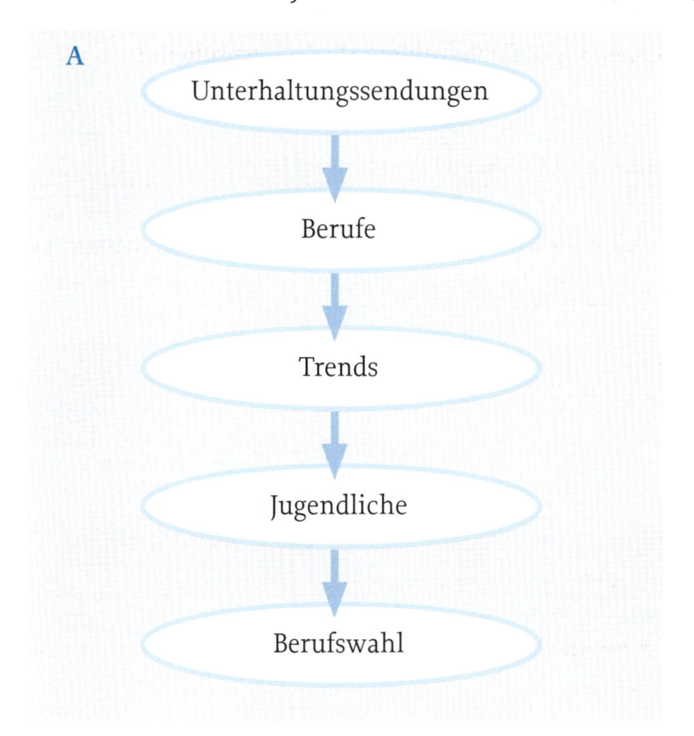

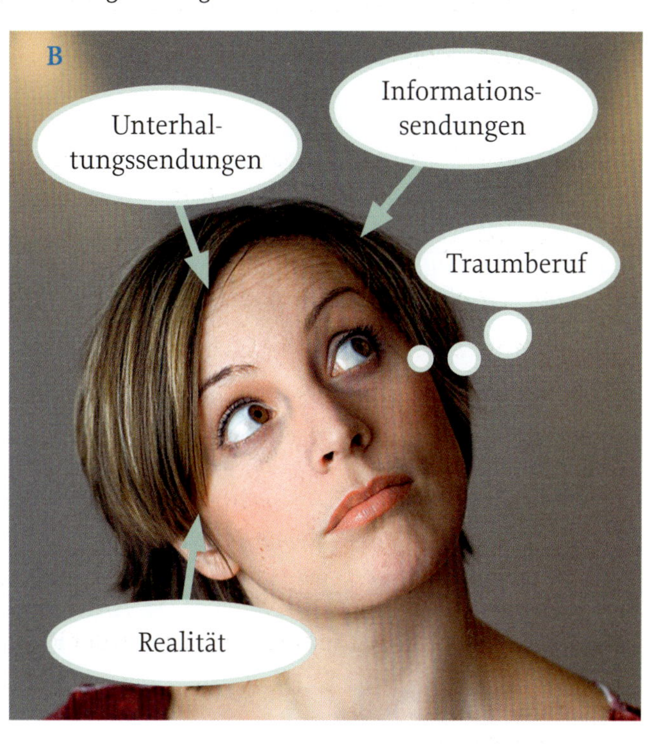

C

Trendberufe in der Darstellung der Medien

Berufswünsche Jugendlicher

Berufsrealität

Ich entscheide mich für Schaubild ______, weil ______________________________________

6 P.

B 3 Nachdenken über Sprache

22 *Im Text heißt es: „Konsens herrscht unter Medienforschern zumindest darüber, dass Fernsehen Wissen vermitteln und Gesprächsthemen auf die Tagesordnung setzen kann." (Z. 21 ff.)*
Ergänze den folgenden Satz so, dass sich der Sinn der Aussage nicht verändert.

Die Medienforscher sind ______________________________, dass Fernsehen Wissen vermitteln und Gesprächsthemen auf die Tagesordnung setzen kann.

2 P.

23 *Im Text heißt es: „Auf diese immens wichtige Rolle der Medien sollten sich alle einstellen, die mit Jugendlichen und jungen Erwachsenen in Kontakt treten." (Z. 81 ff.)*
Ergänze im folgenden Satz ein Wort, das den Sinn nicht verändert.

Auf diese ______________________________ Rolle der Medien sollten sich alle einstellen, die mit Jugendlichen und jungen Erwachsenen in Kontakt treten.

2 P.

24 *„Da in unserer Gesellschaft viele Bedürfnisse durch Medien befriedigt werden, suchen Jugendliche auch in den Medien nach diesen Vorbildern und finden sie in zielgruppenadäquatem Zuschnitt in den Daily Soaps." (Z. 77 ff.)*
In welchem Verhältnis steht der durch „Da" eingeleitete Nebensatz zur Aussage im Hauptsatz?
Kreuze die richtige Antwort an.

Der Nebensatz enthält

- ☐ **A** die Bedingung.
- ☐ **B** die Begründung.
- ☐ **C** die Folge.
- ☐ **D** den Zweck/die Absicht.

2 P.

25 *„Nur wer die nachgeahmten Vorbilder kennt, die als Trendsetzer besonders für die Vielseher von TV-Reihen fungieren, kann Wünsche und Vorstellungen von Jugendlichen nachvollziehen." (Z. 84 ff.)*
In welchem Verhältnis steht der mit „Nur" beginnende Nebensatz zur Aussage im Hauptsatz? Kreuze die richtige Antwort an.

Der Nebensatz enthält

- ☐ **A** die Bedingung.
- ☐ **B** die Begründung.
- ☐ **C** die Folge.
- ☐ **D** den Zweck/die Absicht.

2 P.

C Schreiben: Erörtern

26 *Nimm kritisch Stellung zu der Frage, ob Soaps bei der Berufswahl eine sinnvolle Orientierung bieten können. Löse folgende vorbereitende Teilaufgaben, bevor du mit der Niederschrift im Umfang von mindestens einer Seite in deinem Heft beginnst.*

a) Kreuze an: Die Fragestellung, ob Soaps bei der Berufswahl eine sinnvolle Orientierung bieten, eignet sich für eine

☐ **A** lineare Erörterung. ☐ **B** dialektische Erörterung.

b) Lies den Text auf S. 88 f. noch einmal aufmerksam und schreibe die Berufe heraus, die in Soaps bevorzugt dargestellt werden. Ergänze weitere Berufe, die du aus Fernsehserien kennst.

c) Notiere, was die Mehrzahl dieser Berufe gemeinsam hat.

d) Markiere im Text verschiedenfarbig die Argumente, die für eine Orientierung an Soaps bei der Berufswahl sprechen, und jene, welche dagegen sprechen.

e) Ergänze die im Text aufgeführten Argumente zu Pro und Kontra um eigene (Stichworte). Notiere Beispiele und Belege zu den Argumenten. Sortiere dann sämtliche Argumente nach ihrer Wichtigkeit, indem du sie nummerierst.

Pro:	**Kontra:**

f) Überlege dir, wie du deine dialektische Argumentation strukturieren willst. Denke auch an eine sinnvolle Einleitung und einen Schluss für deine Erörterung.

40 P.

D Textüberarbeitung

Schülerinnen und Schüler aus der Jahrgangsstufe 9 gehören dem Redaktionsteam der Schülerzeitung an. Da die Berufspraktika in der 9 bevorstehen, berichten sie über Ergebnisse ihrer Recherchen zu den Berufswünschen Jugendlicher.
Der erste Textentwurf wird in der Redaktionskonferenz kommentiert.

In eurem Bericht gibt es noch einige Stellen, die ihr verbessern müsst. Überarbeitet:
1 falsche Satzverknüpfungen/Satzstellung,
2 Wortwiederholungen,
3 ungenaue Formulierungen,
4 Umgangssprache.

27 *Sieh die markierten Fehler an. Notiere, wie im Beispiel gezeigt, in der rechten Spalte die zugehörige Nummer.*

VORSICHT FEHLER!

	Fehler Nr.
1. Die Vorlieben haben sich seit Jahrzehnten kaum verändert.	1: 3
2. Technische Berufe sind immer noch der Lieblingsberuf von Jungen, kreative Berufe sind immer noch der Lieblingsberuf der Mädchen.	2: ___
3. Während Jungen ab 14 Jahren am liebsten einen Tag in der Box beim Formel-1-Rennen wären, die meisten Mädchen, die im gleichen Alter sind, bevorzugen einen Tag im Studio ihres Lieblingsmusikers, was die Jungen langweilig fänden.	3: ___
4. Das sind voll die Klischees, aber so sind die Ergebnisse neuer Untersuchungen unter 14- bis 19-jährigen Jugendlichen.	4: ___
5. Die Welten von Jungen und Mädchen sind unterschiedlich, die Jungen und Mädchen interessieren sich immer noch für Gegensätzliches.	5: ___
6. Die junge Generation von heute verhält sich irgendwie genauso wie die ältere.	6: ___
7. Heftig, wenn man sich überlegt, wie unzeitgemäß die Jugendlichen sich für ihre Berufe entscheiden.	7: ___

6 P.

28 *Auch in der Fortsetzung des Berichts gibt es Fehler. Markiere sie und notiere rechts die Nummer des Fehlers. Verbessere nun den Satz, indem du ihn unter dem Satz neu formulierst. Gehe vor, wie es das Beispiel zeigt.*

fehlerhafter Satz: 8. Krass, wie wenig sich geändert hat. **Fehler Nr.:** 4

verbesserte Formulierung: *Es ist erstaunlich, wie wenig sich geändert hat.*

fehlerhafter Satz: 9. Schon in älteren Generationen beeinflusste das Geschlecht und nicht etwa andere Sachen das Interesse an bestimmten Berufen *(Schulbildung, Alter).* **Fehler Nr.:** ___

verbesserte Formulierung: ______

fehlerhafter Satz: 10. Das Kölner Institut der deutschen Wirtschaft, das jetzt die Ergebnisse einer Umfrage veröffentlichte, das herausfand, dass das, was Jugendliche privat interessiert, auch in den Traumberufen sich niederschlägt. **Fehler Nr.:** ___

verbesserte Formulierung: ______________________

____

____

fehlerhafter Satz: 11. Jungen interessieren sich fast nur für technische Berufe. Jungen wollen z. B. Informatiker werden. **Fehler Nr.:** ___

verbesserte Formulierung: ______________________

____

fehlerhafter Satz: 12. Mädchen stehen eher auf uncoole Berufe wie z. B. Stewardess. **Fehler Nr.:** ___

verbesserte Formulierung: ______________________

____

fehlerhafter Satz: 13. Auf den ersten Plätzen der Mädchen-Traumberufe finden sich Traumberufe wie Ärztin oder Designerin. **Fehler Nr.:** ___

verbesserte Formulierung: ______________________

____

fehlerhafter Satz: 14. Die Hälfte der Mädchen gibt in der Umfrage aber an, dass die Beschäftigung mit Technik für den Erfolg in allen wichtig ist. **Fehler Nr.:** ___

verbesserte Formulierung: ______________________

____

____

fehlerhafter Satz: 15. Das Internet, das hier wohl mit Technik gemeint ist, in allen Berufen spielt es heute eine wichtige Rolle. **Fehler Nr.:** ___

verbesserte Formulierung: ______________________

____

fehlerhafter Satz: 16. Die Mädchen können genauso gut mit dem Internet umgehen wie die Jungen mit dem Internet. **Fehler Nr.:** ___

verbesserte Formulierung: ______________________

fehlerhafter Satz: 17. Man kann's voll vergessen, dass die beruflichen Interessen der Geschlechter bald einheitlich werden. **Fehler Nr.:** ___

18 P.

verbesserte Formulierung: ______________________

Autoren- und Quellenverzeichnis

S. 6 f.: „Wir gestalten viele schöne Sachen". Interview mit Gärtnerinnen im Garten- und Landschaftsbau. www.lizzynet.de, 09.07.2003; **S. 22:** „Auf einer Fläche". www.buchhandlung-am-tierpark.de; **S. 25:** SICK, BASTIAN: Cäsars Kampf gegen die starken Verbier. Aus: Der Dativ ist dem Genitiv sein Tod. Kiepenheuer & Witsch, Köln 2004, **S. 183; S. 29 f.:** OLIVIER, THOMAS: Gestohlene Schätze. In: Bonner General-Anzeiger, 04./05.08.2007; **S. 32, 59:** DÜRRENMATT, FRIEDRICH: Der Richter und sein Henker (Auszüge). Aus: Der Richter und sein Henker. Benziger Verlag, Einsiedeln/Zürich/Köln 1962, **S. 77, S. 5; S. 33:** DÜRRENMATT, FRIEDRICH: Der Auftrag (Auszug) und „Lambert empfing sie in seinem Studierzimmer". Aus: Der Auftrag. Diogenes, Zürich 1988, **S. 9 f.; S. 61:** GOETHE, JOHANN WOLFGANG: Mephisto über Worte. Aus: Faust I (Szene: Studierzimmer). Reclam, Ditzingen 1986; **S. 64 f.:** Jugendliche – von Erwachsenen beurteilt. www.uni-protokolle.de/Bertelsmann-Stiftung 2007; **S. 67:** Ist der Lebensstil der Jugend heute bedenklicher als früher? Newsline-Umfrage, Westdeutsche Zeitung, 31.07.2007; **S. 69:** Shell-Jugendstudie. Engagement für andere weiterhin auf hohem Niveau. Shell Jugendstudie 2006. www.shell.com; **S. 70:** WONDRATSCHEK, WOLF: Mittagspause. Aus: Früher begann der Tag mit einer Schusswunde. Hanser Verlag, München 1969, **S. 52; S. 74:** MARTI, KURT: Happy End. Aus: Dorfgeschichten. Luchterhand, München 1983, **S. 20; S. 75 f.:** FRISCH, MAX: Andorra (viertes Bild). Aus: Andorra. Suhrkamp, Frankfurt/M. 1999, **S. 43–46; S. 77:** FRISCH, MAX: Andorra, **S. 96 f.; S. 79:** DROSTE-HÜLSHOFF, ANNETTE VON: Am Turme. Aus: Echtermeyer. Deutsche Gedichte. Hg. v. Benno von Wiese. Cornelsen Verlag Schwann-Girardet, Düsseldorf 1990, **S. 453 f.; S. 81:** EICHENDORFF, JOSEPH VON: Das zerbrochene Ringlein. Aus: Echtermeyer. Deutsche Gedichte, **S. 377; S. 83 f.:** KUNZE, REINER: Clown, Maurer oder Dichter. Aus: Die wunderbaren Jahre. Fischer Verlag, Frankfurt 1976; **S. 85 f.:** NEUMANN, SABINE: Streit. Aus: Streit. Suhrkamp, Frankfurt/M. 2000, **S. 93; S. 88 f.:** Pilotstudie belegt: Fernsehen stellt verzerrte Berufsrealität dar. Aus: Die Darstellung von Berufen im Fernsehen und ihre Auswirkungen auf die Berufswahl. www.mmb-institut.de, 2004

Bildquellenverzeichnis

S. 3, 16, 21, 22 rechts, 24, 33, 37, 92 rechts u. links: picture-alliance/dpa, Frankfurt/M.; **S. 6, 20, 29, 50, 66:** picture-alliance/dpa/dpaweb, Frankfurt/M.; **S. 10, 35:** corel library; **S. 13:** mit freundlicher Genehmigung der Glücksband Roth GmbH & Co. KG, Göppingen; **S. 22 links:** picture-alliance/dpa Themendienst, Frankfurt/M.; **S. 32:** aus: Friedrich Dürrenmatt: Der Richter und sein Henker. Copyright © 1992 Diogenes Verlag AG ,Zürich; **S. 40, 44, 51, 56, 92 Mitte:** picture-alliance/ZB, Frankfurt/M.; **S. 46, 90:** ullstein bild – imagebroker.net/Berlin; **S. 52:** panama fotoproduktion, Düsseldorf; **S. 60:** ullstein bild – Heinz Köster; **S. 61:** picture-alliance/KPA, Frankfurt/M.; **S. 89:** picture-alliance/SCHROEWIG/Caspar, Frankfurt/M.; **S. 91:** picture-alliance/KPA/Thomas, Frankfurt/M.; **S. 94:** picture-alliance/Sander, Frankfurt/M.

Impressum

Redaktion: lüra – Klemt & Mues GbR, Wuppertal

Illustrationen: Maja Bohn, Berlin (S. 39, 48, 49, 58), Sylvia Graupner, Annaberg (S. 25, 27, 70), Sabine Lochmann, Frankfurt/M. (S. 4, 23, 83, 86)
Umschlaggestaltung: Katrin Nehm (Foto: Thomas Schulz, Illustration: Nina Pagalies)
Layoutkonzept: Katharina Wolff
Layout und technische Umsetzung: werkstatt für gebrauchsgrafik, Berlin

www.cornelsen.de

1. Auflage, 8. Druck 2014

Druck: Parzeller print & media GmbH & Co. KG, Fulda

ISBN 978-3-464-68065-0

Inhalt gedruckt auf säurefreiem Papier aus nachhaltiger Forstwirtschaft.